KB269261

미야자키 하야오

미야자키 하야오

김나정 지음

자음과모음

차례

1장

애니메이션의 세계를 꿈꾸다

2장

꿈을 향한 첫발

3장

지브리 스튜디오를 세우다

4장
자신만의 작품 세계를 펼치다

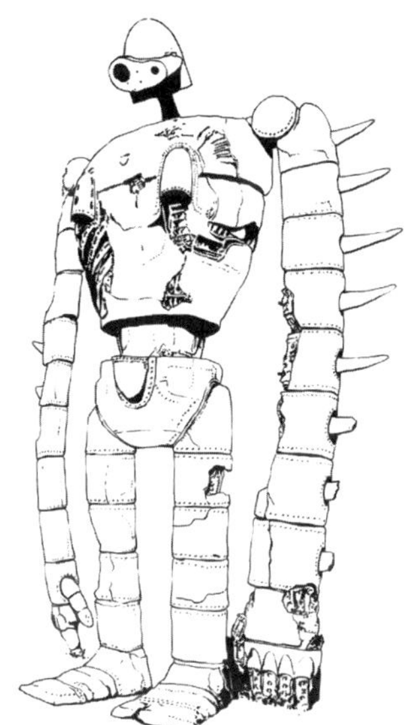

5장
미야자키, 미야자키를 넘어서다

애니메이션의 세계를 꿈꾸다

전쟁 중에 태어난 아이

미야자키 하야오는 1941년 1월 5일 도쿄 근처에서 태어났다. 첫째 아타라에 이어 3년 뒤에 태어난 둘째에게 아버지는 하야오란 이름을 붙여 주었다. 미야자키 뒤로 셋째 유타카, 2년 뒤에는 막내 시로가 태어났다. 엄마만 여자였고, 아들 4형제에 아버지까지 집안은 남자들로 북적거렸다.

미야자키가 태어났을 때는 제2차 세계 대전이 한창이었다. 독일은 유고슬라비아와 그리스를 합병하고 소련과 전쟁을 일으켰으며, 아우슈비츠에서 유대 인을 학살했다. 일본의 진주만 기습으로 태평양 전쟁이 발발했다. 독일, 이탈리아와 3국 동맹을 맺은 일본은 연합군을 상대로 세계 대전을 벌였다.

전쟁 중에도 미야자키 집안은 먹고살 만했다. '미야자키 비행기'의 공장장인 아버지는 비행기 부품을 만드느라 정신이 없었다. 공장은 1000여 명의 직원들로 북적거렸다. 때론 비행기라곤 생전 처음 보는 여자들이 비행기 날개를 만들어야 했다. 규격에 맞지 않는 제품은 검사관에게 뒷돈을 주어 통과시켰다. 특공대원들이 타는 비행기는 기름을 줄줄 흘리며 날아다녔다.

군수 산업에 종사한다는 이유로 친척 중 누구도 전장으로 끌려나가지 않았다. 미야자키의 아버지는 전쟁 중에도 목탄차가 아닌 가솔린 자동차를 타고 다녔다.

하지만 1945년 도쿄 대공습 이후 상황은 바뀌었다. 도쿄는 나무와 종이로 가득한 도시였다. 하늘에서 수천 톤의 폭탄이 떨어졌다. 융단 폭격, 말 그대로 폭탄이 하늘을 덮었다. 공습으로 도시는 불바다가 되었다. 사람들은 가족들과 헤어져 방공호로 숨어들거나 거리를 헤맸다. 기름을 넣은 폭탄이 아스팔트에 불을 붙였고 철로를 녹였다. 뜨거운 불길을 피해 사람들은 다리 아래 강으로 뛰어내렸다.

미야자키네 가족들도 공습을 피해 안전지대로 달아났다. 세 살배기 미야자키도 자동차에 올라탔다. 어린아이의 눈에 불붙은 도시의 풍경이 지나갔다. 사방에 비명 소리가 들렸다. 전쟁 통의 도시는 아수라장이었고, 세상은 곧 멸망할 것만 같았다. 피난을 가던 사람들이 미야자키가 탄 차에 달라붙었다.

"우리도 태워 줘요."

"도쿄 밖까지만 데려다 줘요."

사람들은 차창에 얼굴을 들이대고 고함쳤다. 미야자키는 어머니의 품으로 파고들었다.

아버지는 도움을 청하는 사람을 태워 줄 수 없다고 하였다. 한 사람이라도 태워 주면 사람들이 밀려들지도 모른다. 가족들부터 보호해야 했다. 떠나는 차 뒤로 사람들이 따라붙었다. 어린 미야자키는 멀어지는 사람들을 보았다. 차창에 재가 묻은 손바닥 자국이 남았다.

이때의 기억은 어린 미야자키의 마음 한구석에 앙금으로 남았다. 도움을 청하는 사람을 외면했다. 우리만 달아났다.

'만약에 내가 "저 사람을 버리지 말아요"라고 말했다면 부모님은 도와줬을지도 몰라.'

훗날 미야자키는 그런 이야기를 해 주는 아이가 나오는 애니메이션을 만들고자 했다. 미야자키 작품의 주인공들은 적이라도 위험에 처하면 손을 내민다. 나우시카는 크샤나를, 코난은 레프카를 도와준다. 미야자키의 주인공은 자신을 해치려는 사람도 차마 버리지 못한다. 관객은 '저런 놈은 그냥 버려 둬도 되는데'라고 혀를 찰지도 모르지만 미야자키는 그럴 수가 없었다.

공습이 끝나자 미야자키네 가족은 공장으로 돌아왔다. 폐허만 남았다. 타일은 떨어져 나갔고, 유리는 녹아 곤죽이 되었다. 텅 빈

창고만 우뚝했다. 매미 소리만 요란하게 들렸다. 세계가 종말을 맞은 것 같았다.

전쟁은 어린 미야자키에게 조각난 기억으로 남아 큰 영향을 끼쳤다. 많은 사람이 허망하게 죽었다. 어린 나이지만 사람이 살고 죽는 것이 무엇인지에 대해 생각하게 되었다. 전쟁이 인간에게 어떤 것인지를 절절히 느낀 것이다. 미야자키의 작품이 보여 주는 반전 메시지는 어린 시절의 이러한 기억에서 비롯된 것이다.

1945년 8월 15일 정오. 라디오에서 천황의 목소리가 흘러나왔다.

"짐은 세계의 대세와 제국의 현 상황을 감안하여 비상사태를 수습하고자……."

일본의 항복으로 전쟁은 끝이 났다.

군수 공장 '미야자키 비행기'는 문을 닫았다. 미야자키네는 살림살이가 어려워졌다. 미야자키 가족뿐 아니라 일본 전체가 패전이 불러온 절망과 빈곤에 휩싸인 시절이었다.

미야자키는 피난을 간 동네에서 여덟 살이 되었다. 이전 소학교에서 황국 사관을 배웠다면, 전후 세대는 미국식 교육을 받았다. 1947년 미야자키는 초등학교 1학년이 되었다.

"학교 다녀왔습니다!"

코를 훌쩍이며 미야자키가 현관에 들어섰다.

"……"

집 안은 고요했다. 학교 생활은 재미있어? 친구들은 좋아? 오늘은 뭘 배웠니?라고 맞아 주는 사람은 없다. 미야자키는 운동화를 벗고 거실에 들어섰다.

미야자키가 초등학교에 들어가던 해, 엄마는 병원에 입원했다. 막내를 낳고 2년 뒤부터 어머니는 난치병에 시달렸다. 병명은 척추 카리에스. 결핵균이 척추에 들어가서 생기는 병으로, 뼛속에 구멍이 생기고 극심한 통증을 유발했다. 치료법도 마땅치 않는 난치병이었다.

가족들은 어머니를 잃을까 봐 걱정했다. "당신은 어떤 어린 시절을 보냈습니까?"란 질문에 미야자키는 대답했다.

"잊었어요. 잊어버리려고 결심했어요. 추억으로 남기기 싫은 기억을 많이 갖고 있어요. 계속 나의 내부에 가시처럼 박혀 있어서 그 의미를 반복해 물어본 적이 있어요."

이런 마음은 〈이웃집 토토로〉의 사츠키, 메이 자매의 모습에서 나타났다. 자매의 어머니도 병으로 요양원에 들어가 있다. 둘은 어머니가 잘못될까 봐 걱정한다.

미야자키가 2학년이 되던 해, 어머니가 집으로 돌아왔다. 들것에 실린 어머니는 미라 같았다. 척추가 굽어 곱사등이가 될지도 모르니 온몸에 깁스를 해야만 했던 것이다. 온몸에 깁스를 한 어머니는 방 안으로 옮겨졌다. 움직일 수 있는 건 목과 손가락뿐이었다.

1948년부터 1956년까지 9년 동안 어머니는 병상에서 시름시름 앓았다. (1984년 71세로 숨을 거둘 때까지 투병 생활을 했다.) 미야자키는 여섯 살부터 열다섯 살까지 어머니의 보살핌 없이 유년기와 사춘기를 보내야 했다. 통증이 밀려오면 어머니는 끙끙 앓는 소리를 냈다. 미야자키는 어머니에게 어리광을 부리지 못했다. 다른 어머니들처럼 아이들을 돌봐 줄 수 없었던 어머니는 눈으로만 아이들을 쫓아다녔다.

하지만 미야자키는 어머니를 자신의 생에 가장 큰 영향을 준 사람으로 꼽는다. 어떤 이유에서일까? 어머니는 병석에서 미야자키와 이야기 나누는 걸 즐겼다. 정치, 경제, 문화, 예술에 이르기까지 다양한 이야깃거리를 펼쳤다. 어머니는 미야자키와 토론하길 즐겼고, 아들은 어머니와의 말싸움에서 이기기 위해 이런저런 궁리를 하곤 했다. 그러다 보니 자연스레 생각이 자라났다.

병을 앓기 전에 어머니는 당차고 용감한 여자였다. 미야자키는 예전의 어머니를 기억하고 있었다. 〈천공의 성 라퓨타〉의 여해적 도라는 어머니에게서 비롯된 것이다. 도라는 세 명의 양아들을 거느리고 나이에 걸맞지 않게 양 갈래로 머리를 땋고 하늘을 천방지축 돌아다닌다.

하지만 전쟁과 병에 시달린 어머니는 성격이 어두워졌다. 라디오에서 흘러나오는 뉴스를 듣고는 때론 쓸쓸하게 말했다.

“인간이라는 건 어쩔 수 없다.”

“그건 아니에요.”

미야자키는 대뜸 대들었다. 어머니가 세상을 어둡게 보는 게 싫었다. 바람에 흔들거리는 촛불을 손바닥으로 지켜 주고 싶은 심정이었다. 말다툼이 이어졌다. 그런 생각은 싫다. 사람은 소중하다. 나쁜 사람도 있지만 좋은 사람도 있다. 이 상태로 가면 어머니에게 무조건 지게 되니까, 미야자키는 막무가내로 덤볐다. 어머니와의 토론을 거듭하는 동안 미야자키는 타협을 싫어하고 인간에 대해 관심을 갖는 아이가 되었다. 이러한 성격은 그의 작품 속 소년들에게서 찾아볼 수 있다. 코난, 파즈, 아시타카 등 남성 캐릭터는 순수하고 곧으며 정의롭다. 그리고 자신이 사랑하는 여자아이를 위해 목숨을 바치는 걸 마다하지 않는 순정파이기도 하다. 훗날 어머니는 “하야오는 4형제 중 가장 순수한 아이였다”고 말한다.

저녁때면 퇴근을 하고 돌아온 아버지가 어머니 곁을 지켰다.

“돈가스! 돈가스!”

고소한 튀김 냄새가 집 안에 감돌았다. 입안에 침이 고인다. 사흘째 돈가스다. 그런데 질리지 않는다. 미야자키네 형제들이 가장 좋아하는 음식은 단연 돈가스. 돈가스는 어린 형제들의 손으로도 쉽게 만들 수 있다. 기름 온도만 맞춰 퐁당, 담가 튀기면 된다.

집에 손님이 와도 돈가스를 대접했다. 한 달에 한 번 의사선생님이 어머니 때문에 왕진을 왔다. 그때는 식구들이 먹던 것보다 더 두툼하고 고소한 돈가스를 대접했다.

미야자키는 돈가스의 튀김옷을 남달리 좋아했다. 잘게 썬 야채와 밥도 남기지 않았다. 먹성이 좋은 4형제는 접시를 핥듯 식사를 마쳤다.

"아기 돼지들."

아버지가 형제들에게 붙여 준 별명이었다. 아기 돼지 4형제.

앞치마를 두른 아버지는 빈 접시를 들고 개수대로 향했다. 아버지가 끙끙대며 형제를 거두는 걸 보고 미야자키는 '아버지는 이런 것이구나'라고 생각했다. 〈이웃집 토토로〉의 아이들과 목욕을 하고 살림을 하는 자상한 아버지는 미야자키 아버지랑 닮은꼴이다.

미야자키의 아버지는 전후의 힘든 시기에 4형제를 살뜰히 보살폈다. 집안일은 파출부가 맡아 주었지만, 파출부가 오지 않는 날이면 아버지와 4형제가 집안일을 나누었다. 아버지는 요리 솜씨가 빼어났다. 특히 두부를 넣은 된장국을 잘 만들었다. 미야자키 가문에 전해지는 1~2센티미터 두께의 쇠고기를 튀긴 '쇠고기튀김'을 뜨거운 밥에 올리면 다른 반찬은 없어도 괜찮았다.

어느 날은 집 안에 양말 고린내가 풍겼다. 미야자키는 집 안으로 뛰어 들어왔다. 식탁에 둘러앉은 형제들은 군침을 흘렸다. 식탁에

쿠사야가 놓였다. '쿠사야'도 미야자키 집안의 별미였다. 생선 내장을 발효한 액으로 간을 한 고등어를 구운 음식이었다. 미야자키를 비롯해 식구들은 군침을 삼키는 별미였지만, 냄새가 지독했다. 쿠사야란 이름도 '구리다'란 뜻이다. 세계 5대 악취 음식으로 삭힌 홍어가 2위, 쿠사야는 5위로 꼽힌다.

당시 여느 일본 아버지들은 절대 부엌에 들어가는 법이 없었다. 집안일은 나 몰라라 했다. 미야자키의 아버지는 가부장적인 일본의 전통적인 아버지상과 달리 가정적인 사람이었다. 주말마다 형제들은 아버지랑 극장에 갔다. 일본 영화 〈밥〉, 〈황혼의 술집〉, 〈명탐정 아쟈파 씨〉, 〈연기가 보이는 곳〉을 보았고 이탈리아 네오리얼리즘의 걸작 〈자전거 도둑〉이나 서부극도 보았다. 자전거 도둑에 등장하는 아버지의 모습은 〈엄마 찾아 3만 리〉의 주인공 마르코의 아버지 모습으로 재탄생한다.

책벌레와 뱀 아가씨

"오니 상(형님)!"

미야자키의 맏형 아타라는 골목대장으로 유명했다. 못하는 운동이 없었다. 동생들은 어떤 상황에서건 아타라를 "형님, 형님"하며 따랐다. 동네 아이들도 뒤를 쫓아다녔다. 아타라는 리더 기질이 있어서 초등학교 때부터 고등학교 때까지 내내 반장이었다. 아타라는 활발하고 용감한 아이였는데, 미야자키 작품에서 전투 장면이 많이 나오는 것도 전쟁 소설을 좋아했던 형의 영향 때문이라고 한다.

같은 학교를 다닌 미야자키는 늘 형과 비교되었다. 미야자키는 운동이라면 질색인 내성적인 성격이었다. 아이들과 어울려 다니기보다는 혼자 지내는 걸 좋아했다. 클럽 활동에 참여하지 않고 말수도 적었다. 4학년 때 같은 반 여학생을 몹시 좋아했지만 숫기가 없어서 말을 붙이지 못했다. 졸업식날까지 첫사랑에게 말 한마디 못 건네보았다고 한다. 동생은 미야자키에 대해 "약간 내성적이고 약한 느낌에 운동은 잘 못했다. 좋아하는 것은 책 읽기와 그림 그리기였다. 그러나 이른바 대장이었던 큰형 때문에 괴롭힘을 당하는 일은 없었고, 기본적으로 밝은 성격이었다"라고 말한다. 교사들은 미야자키가 성실하고 집중력이 뛰어났으며 밝은 성격의 소유자라고 평했다.

형처럼 골목을 뛰어다니는 게 내키지 않았던 미야자키는 방 안으로 들어가 동화책을 펼쳤다. 책장을 넘기면 새로운 세계가 펼쳐졌다. 『소공녀』, 『소공자』, 『삼총사』 등의 명작 아동 문학을 읽어 나갔다. 책벌레 미야자키는 소년 소녀 문학을 독파해 나갔다. 어린 시절의 독서는 자연스럽게 이야기를 만드는 요소들을 알려 주었다. 또한 감성이 풍부한 시절에 읽은 책들은 이야기의 씨앗으로 자라났다. 〈알프스 소녀 하이디〉는 훗날 TV 시리즈로, 걸리버 여행기에서는 〈천공의 성 라퓨타〉가 태어났다.

책벌레의 관심은 만화책으로 옮겨 갔다. 미야자키의 초등학교 시절 가장 인기 있던 만화가는 데즈카 오사무였다. 10대의 나이에 그린 〈신보물섬〉으로 인정받은 데즈카 오사무는 스타 작가로 자리를 굳혔다.

"데즈카 오사무의 신작이 나왔대!"

"어디! 야, 머리 좀 치워 봐. 나도 좀 보자."

초등학생이라면 누구든 데즈카 오사무의 만화책에 열광했다. 미야자키는 데즈카의 만화를 닥치는 대로 읽었다. 〈메트로폴리스〉(1949), 〈아톰 대사〉(1951), 〈로크의 모험 기사〉(1952) 등을 읽으며 몸서리를 쳤다. 특히 〈태평양의 X포인트〉(1953)에 깊이 감동받았다고 한다.

데즈카 오사무와 더불어 미야자키에게 결정적인 영향을 준 작품은 후쿠지마 테츠지의 〈사막의 마왕〉이었다. 알라딘과 요술 램프의 스토리에 미국식 코미디가 더해진 작품이었다. 〈사막의 마왕〉은 3년간 월간 만화지에 연재되었는데, 연재 시작부터 끝까지 인기몰이를 했고, 매호 권두 컬러를 장식했다고 한다.

〈사막의 마왕〉은 100개의 루비를 찾는 소년 호프의 이야기로, 호프가 푸른 돌의 램프를 문지르면 나타나는 붉은 망토의 마왕은 '비행석'으로 날아다니며 명령을 따른다. 〈천공의 성 라퓨타〉에 나오는 '비행석'의 기원도 짐작케 한다. 매회 기기묘묘한 전투 기계들이 등장하는데, 훗날 미야자키 만화에도 이런 기계들이 많이 등장한다.

미야자키는 애니메이션 영화도 즐겨 보았다. 초등학교 2학년 때 〈걸리버 여행기〉를 보러 갔다. 스크린 바로 앞자리를 차지했다. 커다란 화면에서 흥미진진한 이야기가 펼쳐졌다. 미야자키는 영화가 끝나도 자리를 뜰 줄 몰랐다. 한 번이 아니라, 같은 영화를 거듭 보았다. 결국 애니메이션을 보다가 하루가 저물었다. 영화관을 나서는 미야자키의 가슴이 벌렁거렸다. 집에 와 잠자리에 들면 눈앞에서 화면이 어른거렸다.

'나도 그런 그림을 그려 보고 싶다.'

미야자키는 보는 것만으로는 만족하지 못했다. 하루 종일 종이에 전차, 군함, 비행기 등의 그림을 그렸다. 1953년 오미야 중학교에 입학한 뒤로도 전차, 군함, 비행기 등을 줄기차게 그렸다. 단지 겉모습뿐만 아니라, 병기의 역사나 내부 구조까지 파헤쳐 들어갔다. 책상에는 나무로 세밀하게 만든 비행기 모형이 놓였다.

미야자키는 특히 비행기를 좋아했다.

비행기 공장에서 일했던 아버지의 영향 때문이기도 했다. 현대식 제트기보다는 1·2차 세계 대전 때 날아다니던 전투기나 폭격기를 좋아했다. 매끄러운 디자인에 자동으로 움직여 인간이 필요 없어도 될 듯한 비행기보다는, 투박하지만 인간이 조종해야 움직이는 비행기가 마음에 들었다.

기계를 그리는 실력은 남부럽지 않게 늘었지만, 사람을 그리는 데는 영 서툴렀다.

"별로야."

"뭐야, 사람이 꼭 상자 같잖아."

형제들은 미야자키의 습작 만화를 높게 평가하지 않았다. 어떻게든 그림 실력을 늘릴 방법을 찾아야 했다.

"그림을 배우고 싶어서요."

사토 후미오 선생님은 현관에 서 있는 소년을 바라봤다. 그는 파리에서 돌아와 미야자키가 다니던 중학교 미술 선생님으로 일하던 터였다. 미야자키는 선생님이 그림을 그리고 싶어 하는 아이들을 따로 모아 집에서 가르친다는 소식을 듣고 찾아온 것이다. 선생님은 저녁 무렵 불쑥 찾아온 제자를 맞아들었다.

"그래, 들어오너라."

미야자키는 그날부터 본격적으로 미술 공부를 시작했다.

석고 데생부터 시작했다. 작은 의자에 앉아 몇 시간이고 석고상을 관찰하고 종이에 옮겨야 했다. 좀이 쑤시고, 엉덩이가 들썩거렸다. 하지만 미야자키는 말없이 연필을 놀렸다. 선생님은 뒤편에서 미야자키를 가만히 지켜보았다.

'형이랑은 퍽이나 다르군.'

선생님은 미야자키와 형 아타라를 모두 가르친 터였다. 동생은 형처럼 단단하거나 활기찬 느낌은 없었다. 매우 쾌활한 형에 비해, 미야자키에게서는 어쩐지 그늘이 느껴졌다. 그렇다고 어두운 성격은 아니었다.

"미야자키 군은 한편으론 아주 밝지만 반대되는 면도 가졌어요. 이런 면이 작품에 드러나는 것이 아닐까 생각해요. 단순히 재미있고 웃기는 것이 아니라, 어딘가 어두운 면이 있기 때문에 사람들을 끌어들이는 것이 아닐까요.”

예술 대학에 들어갈 만큼 석고 데생 실력이 늘었다. 선생님은 석고 데생만 하지 말고 자연으로 나가 보라고 했다.

“이 근처에 공원이 있는데, 거기 새랑 동물들이 많단다.”

석고는 꼼짝도 하지 않지만 동물은 움직인다.

“움직임을 포착할 수 있어야 좋은 그림을 그릴 수있어.”

미야자키는 스케치북을 끼고 공원으로 돌아다녔다. 곰, 원숭이 등을 마음껏 그렸다. 한 동물을 여러 각도에서 보고 묘사하려고 애썼다. 선생님은 미야자키의 스케치북을 훑어보더니, “훌륭하다. 그렇게 하면 된다”고 칭찬해 주었다.

어느 정도 동물 그리기에 숙달되자, 이번에는 상상력 훈련으로 들어갔다. 선생님은 어항 앞에 미야자키를 앉혔다. 먼저 금붕어를 꼼꼼히 그려 보라고 했다.

“자, 이번엔 네 나름대로 물고기를 그려 봐라. 실재로가 아니라, 더 재미있는 물고기를 네가 만들어 봐라.”

미야자키의 머릿속에 갖가지 물고기들이 둥둥 떠올랐다. 상상 속의 물고기를 흰 종이에 풀어 놓았다. 몇 장이고 연거푸 그려 나갔다. 선생님은 미야자키의 그림을 보고 칭찬을 아끼지 않았다.

“어딘가로 여행을 다녀오고 싶어요, 선생님.”

"어딜 가고 싶은데?"

"토비시마 섬에 가 볼까 해요."

"거긴 나도 가 봤다. 그냥 한적한 마을이야. 볼 것도 없고. 오징어
를 잡은 거 빼곤 별로 할 일도 없었던 것 같은데."

"그래도 한번 가 볼래요."

얼마 후 미야자키는 여행에서 돌아왔다. 선생님은 소감을 물었다.

"정말 좋았어요."

"응? 뭐가?"

선생님은 미야자키가 수영을 했다거나, 바다가 아름답더라는 말
을 할 줄 알았다.

"밤이 맘에 들었어요."

"밤?"

해변에 별을 보고 있는 여자아이가 있었고, 어둠 속에서 별이 점
점 늘어났다는 것이다.

"그 여자아이 얼굴이 몹시 쓸쓸한 것 같았어요."

선생님은 미소를 지으며 말했다.

"넌 시인이로구나, 하야오."

1956년 미야자키는 중학교를 졸업하고 도요타마 고등학교에 진
학했다. 미야자키는 계속 만화가의 꿈을 간직하고 그림을 그렸다.
그림 실력이 날로 늘어, 주위 사람들에게 "너! 미대에 가도 되겠다"

라는 소리를 자주 들었다.

하지만 미야자키는 만화가가 되고 싶었다. 데즈카 오사무처럼 10대에 인정을 받아 프로 만화가가 되려 했다. 하지만 본격적으로 만화를 그리자고 마음먹었을 때는 어린 시절 좋아했던 데즈카 오사무의 그림이 걸림돌이 되었다. 중학교 때까지 미야자키는 데즈카 오사무의 만화를 가장 좋아했다. 아톰에 흠뻑 빠져들었다. 하지만 열여덟 살이 되어 자신만의 만화를 그리고자 마음먹었을 때, 미야자키는 뼛속까지 스며든 데즈카 오사무의 영향을 어떻게 떨쳐 버릴까 고심했다.

친구들은 미야자키의 만화가 데즈카 오사무와 비슷하다고 했다. 완전히 똑같지도 않았고 비슷한 구석도 없어 보였지만 굴욕적이었다. 어떤 사람들은 데즈카 오사무의 그림을 베끼는 걸로 그림 공부를 시작하는 게 좋다고 권해 주기도 했다. 하지만 미야자키는 내키지 않았다. 이런 식이라면 미야자키는 데즈카 오사무란 형을 따르는 동생밖에 될 수 없었다.

'아무리 동생이라도 형의 행동을 그대로 따라 하는 건 잘못된 거야.'

미야자키에게 데즈카 오사무는 싸우지 않으면 안 되는 상대였다.

'그래, 내 그림은 데즈카 오사무 흉내 내기에 불과했어.'

미야자키는 옷장 문을 열었다. 그 안에 쌓아 둔 원고 뭉치를 꺼내 공터로 들고 나갔다. 청소년 시절 내내 그려 왔던 그림들이었다. 아까웠지만 자신만의 그림을 그리기 위해서는 흉내 낸 그림은 버려야 했다. 미야자키는 원고 뭉치에 불을 붙였다. 불꽃은 종이 뭉치를 살라 들어갔다. 재만 남았을 때 미야자키는 손을 털며 일어섰다.

'자, 이제 새롭게 시작하는 거다.'

백지를 꺼내 놓고 기초를 다지려고 스케치와 데생을 시작했다. 하지만 쉽사리 빠져나올 수는 없었다. 닮게 그리지 말자고 마음먹으니 더욱더 머릿속에서 데즈카 오사무의 그림이 맴돌았다. '코끼리에 대해 생각하지 말 것'이란 말을 들었을 때 가장 먼저 생각나는 것은 무엇일까? 코끼리다.

미야자키가 데즈카 오사무의 영향력에서 완전히 빠져나온 것은 도에이 동화에 들어간 스물세 살 무렵이었다. 거기서 일하면서 자신만의 스타일을 만들어 나갔다. 워낙 눈코 뜰 새 없이 바쁘다 보니, '캐릭터를 어떻게 움직이게 할까?', '어떻게 생생한 장면을 만들까?'를 고민하기에도 바빴다. 그러다 보니, 자기 그림이 누군가의 것과 닮았는지에 대해 생각할 겨를이 없었다.

이때까지 그린 그림을 모두 버린 후, 미야자키는 역사극부터 그려 보자고 마음먹었다. 그가 고등학교 시절 유행하던 만화들은 대부분 역사극이었다. 구로사와 아키라 감독의 〈7인의 사무라이〉 같은 시대극이 인기를 끌었기 때문이기도 했다. 미야자키는 부지런히 만화를 그려 출판사를 찾아다녔다.

어떤 출판사는 책상이 달랑 하나였다.

"음, 우리 출판사와는 잘 맞지 않는데……."

어떤 출판사는 반품된 책이 방의 절반을 채우고 있었다.

'이번엔 대작 장편이니 꼭 출판해 줄 거야.'

하지만 편집부 직원은 읽기도 전에 거절해 버렸다.

"글쎄요, 학생 작품은 좀 그렇지……."

미야자키는 대학 시절까지 수천 장의 장편을 그려 댔다. 성적이 상위권이어서 "열심히만 하면 도쿄 대학도 꿈은 아니다"라며 주변 사람들이 부추겼으나, 미야자키는 미대를 고집했다. 아버지가 진지하게 반대하고 나섰다.

미야자키는 속상했지만 별수 없이 일본 왕실 자손들이 다니는 명문 대학인 가쿠슈인 대학을 목표로 삼았다. 일 년 전에 형 아타라가 입학한 대학이었다. 고3 생활은 힘겨웠다. 초등학교 때의 첫사랑과 재회했지만 이번엔 실연을 당했다. 과중한 수험 공부로 녹초가 되었다.

하지만 미야자키는 수험 공부를 할 때 만화에 가장 열중했다고 말한다. 답답하고 울적한 상황에서는 더더욱 '자신만의 세계'에 대한 열망이 강해졌기 때문이라고 한다. 숨 쉴 구멍이 필요했다. 부모에게도 알리고 싶지 않은 오직 나만의 세계를 만들고 싶다. 미야자키에게는 그것이 만화였다.

'나는 지금 수험생이지만, 달리 살 수도 있었다.'

다른 시대, 다른 공간에서라면 말이다. 미야자키는 인간이 태어나면서 가능성을 잃어버린다고 생각했다. 과거와 미래, 인류의 역사 속 어느 해엔가 태어나는 순간 다른 모든 시대에 태어날 가능성은 사라진다. 많은 사람들이 자신이 처한 환경이 그저 불행하다고 생각하지 않더라도 무언가 만족하지 못하는 부분이 있다.

'나는 지금 이렇게 되어 있지만, 이렇게 되지 않았다면 앗! 하고 깜짝 놀랄 만한 일을 할 수도 있었다.'

그러니 이런 공상을 한 번쯤은 하게 된다.

'만약 홍적세에 태어났다면?', '만약 일본인이 아니라 다른 나라 사람이었다면?', '2056년쯤에 여자로 태어났다면?'

잃어버린 가능성을 향한 동경이자 그리움은 애니메이션을 만드는 원동력이다. 미야자키는 어린 시절에 대한 그리움도 종이에 담았다. '향수'는 어른들의 전유물로 생각하기 쉽다. 하지만 여섯 살짜리도 세 살 무렵을 그리워할 수 있다.

1958년 고등학교 3학년 때 미야자키는 〈백사전〉을 보게 된다. 그의 일생에서 손꼽히는 결정적인 순간이었다.

모리 야스지 감독의 〈백사전〉은 도에이 동화의 첫 번째 장편 애니메이션이었다. 디즈니가 〈백설 공주〉란 유럽의 이야기로 첫 번째 컬러 장편 동화를 만들었다면, 도에이 동화는 '중국의 설화'로 일본 최초의 컬러 장편 애니메이션을 제작했다. 중국 사람들이 가장 좋아하는 4대 전설 중의 하나인 〈백사전〉의 내용은 다음과 같다.

호수에 안개가 자욱한 어느 날, 한약방에서 일하는 허선이란 청년이 호숫가에서 아름다운 백 낭자와 시녀 청청을 만난다. 허선과 백 낭자는 함께 배를 타고 사랑에 빠진다. 그러나 백 낭자의 정체는 1000년 묵은 백사, 시녀 청청은 500년 묵은 청어였다. 백 낭자는 자신이 뱀임을 숨기고 허선과 결혼한다.

"뱀이 인간으로 변하는 것이 요사스러운 일이다. 게다가 인간과 혼인을 해?"

백 낭자의 뒤를 쫓던 스님 법해는 허선에게 백 낭자의 정체를 폭로하고, 신비로운 발우를 주며 백 낭자와 청청의 머리를 덮으라고 한다. 허선이 발우*로 백 낭자와 청청을 덮자 둘은 뱀과 청어로 변하고, 법해는 발우에 탑을 쌓아 그들이 영영 인간으로 변하지 못하게 한다.

미야자키는 뱀 요괴인 백 낭자에서 반했다.

'어떻게 저렇게 인간 청년을 한마음으로 사랑할 수 있을까?'

미야자키는 그녀를 정체를 숨기고 인간과 결혼한 요물로 보지 않았다. 도리어 그녀의 변치 않는 마음은 미야자키에게 용기란 무엇인지를 보여 주었다. 영화를 보면서, 그녀처럼 한결같이 살아가지 못하는 자신을 생각하며 눈물까지 흘렸다. 사랑을 위해 죽어 가

---

* 스님들이 식사할 때 쓰는 식기.

는 여주인공의 모습은 미야자키의 마음을 흔들어 놓았다. 그 당시의 감동을 미야자키는 이렇게 되새겼다.

"나는 그때 만화가를 지망하여 뭔가 대단한 걸 그려 보려던 스스로가 어리석다는 걸 깨달았다. 저런 삼류 멜로드라마의 값싼 감상주의가 뭐 대단하냐고 되는대로 내뱉었지만, 본심은 한결같으며 순수한 세계를 열망하다는 걸 깨달았다. 세계를 긍정하고 싶다는 마음을 억누를 수 없다는 내 마음을 발견했다."

〈백사전〉을 보면서 미야자키는 애니메이션의 표현력과 인간 움직임에 대한 묘사에 감탄했다. 만화가를 꿈꾸던 그에게 애니메이션이 찾아온 것이다. 미야자키는 〈백사전〉을 세 번이나 보았다. 거푸 보니 결점들도 눈에 들어왔다. 이를테면 주인공 남녀의 비극적인 사랑은 돋보이지만, 다른 등장인물은 들러리에 불과했다.

'작품이 좋았으니 저 정도는 어쩔 수 없지'라고 생각하면서도 '나라면 저렇게 하지는 않을 텐데'라는 생각이 들었다.

맨 처음 감동을 받았을 때와는 다른 생각들이 움텄다. 감동적인 영화는 좋다. 그렇지만 단순하게 통속적이기만 한 작품, 관객이 영화를 본 후 보기 전과는 뭔가 달라졌다는 느낌이 들지 않는 영화도 별로다. 극장을 들어설 때는 자신의 키이지만 나올 때는 한 계단이나 두 계단 정도 올라간 느낌이 드는 영화를 보고 싶다.

'그런 영화가 존재하지 않는다면 내가 만들고 싶다.'

도에이 동화의 말단 직원

1959년 미야자키는 가쿠슈인 대학의 정치경제학부에 입학했다. 경제학과 학생이라니. 숫자와 도표만 잔뜩 접해야 했다. 만화가의 꿈에서 점점 멀어지면 어쩌나. 어떻게든 길을 찾아야 했다. 미야자키는 틈틈이 데생과 크로키 연습을 하고 짬짬이 공원에 가서 동물을 관찰하고 스케치를 했다. 동물을 좀 더 정확하게 그리기 위해, 레오나르도 다빈치처럼 동물의 골격도도 참고로 삼았다.

다음으로는 '아동 문학 연구회'에 가입했다. 그가 다니는 대학에는 만화 동아리가 없었다. 그나마 가장 도움이 되는 곳을 찾아야 했다. 아동 문학 연구회 신입 회원인 미야자키는 동화책을 무진장 읽었다. 그림 형제나 안데르센 같이 유명한 작가보다『한밤중 톰의 정원에서』의 작가 필리퍼 피어스 등 영국 작가의 작품을 즐겨 봤다. 유명세는 덜해도, 그 작품들은 아이들의 시선과 마음을 생생하게 담아 냈다는 생각에서였다. 아동 문학에 빠진 미야자키는 '정말로 아이들이 기뻐하는 작품을 만들고 싶다.'라고 마음먹었다.

비행기 마니아인 미야자키는 생텍쥐페리의 작품에 열광했다. 『어린 왕자』로 유명한 작가는 제2차 세계 대전 당시 전투기 조종사로 복무했고, 대표작인 『인간의 대지』, 『야간 비행』, 『남방 우편기』가 모두 비행을 다룬다. 미야자키가 생텍쥐페리의 작품에 끌리는 건 당연지사였다.

아동 문학 연구회에서는 인형극도 만들었는데, 미야자키는 캐릭터 디자인, 스토리 구성을 맡았다. 〈블리키의 마을〉이란 인형극의 주인공 시타라는 캐릭터를 만들어 냈고, 소년이 주인공인 모험 항해극 〈바다의 아들 파즈〉의 스토리를 썼다.

이 두 편의 인형극의 등장인물이었던 소녀 시타와 소년 파즈는 훗날 〈천공의 성 라퓨타〉에서 남녀 주인공으로 만나게 된다.

4년간의 대학 생활이 끝나 가고 미야자키는 졸업을 앞두었다. 만화가가 되고 싶다는 꿈은 여전했다. 그러나 졸업을 앞둔 미야자키는 만화로는 돈을 벌기 어렵다는 걸 깨달았다. 어른이면 스스로 먹고살아야 하는데 만화가의 수입으로는 어림없었다. 대학에 다니면서도 졸업하고 나서도 만화 원고를 들고 출판사를 돌아다녔지만 받아 주는 곳이 없었다.

그렇다고 만화가로서의 꿈을 버릴 순 없었다.

'그럼 애니메이션을 만들어 보는 건 어떨까?'

미야자키는 어릴 때 좋아했던 애니메이션들을 떠올렸다. 아이들에게 즐거움을 주는 데는 만화보다 애니메이션이 나을지도 모른다. 당시 일본에서 애니메이션은 각광을 받았다. 일본 애니메이터들은 서구 애니메이션 작품들을 접하면서 막 자신들만의 세계를 만들어 가고 있었다. 전쟁 중에 전쟁을 독려할 목적으로 만들어졌던 애니메이션이 패전 이후 오락거리로 사랑을 받았다.

1963년 대학을 졸업한 미야자키는 공부를 계속하지도, 평범한 회사에 들어가지도 않았다. 〈백사전〉을 만든 도에이 동화에 들어가기로 마음먹었다.

"자네는 이 회사에 왜 지원했는가?"

면접관이 묻자 미야자키는 답했다.

"디즈니에 맞서는 애니메이션을 만들기 위해서입니다."

미야자키가 입사한 1963년은 도에이 동화가 마지막으로 정식 사원을 뽑은 해였다. 신입 사원 미야자키는 집을 나와 스튜디오 근처에 방을 구했다. 월 6000엔의 다다미 넉 장 반짜리 아파트에서 머물렀다. 초봉은 1만 8000엔(3개월 연수 기간의 임금). 월급의 3분의 1은 월세로 나갔다. 생활비까지 더하면 빡빡한 살림살이였다.

3개월의 연수 기간을 보내고 미야자키는 〈멍멍 충신장〉으로 첫 번째 일을 시작했다. 데즈카 오사무가 원안과 그림 콘티를 수정한 작품으로, 강아지 로크가 어머니의 원수인 호랑이 카라를 뒤쫓는 이야기였다. 미야자키는 동화 애니메이터로 일했다. 동화(動畫)란 원화* 사이를 채우는 일련의 그림을 말한다.

뒤이어 〈늑대 소년 켄〉(1963)의 동화를 담당했고, 제작이 중단되었던 〈걸리버의 우주 여행〉에도 참가한다. 나이 든 걸리버는 이번엔 우주로 여행을 떠난다. 집 없는 소년 테드가 길동무가 되어준다.

이 작품을 만들 때 미야자키는 초보에다 신입 사원이었다. 맡은 일을 하기에도 벅찼다. 신입이라 발언권도 주어지지 않았다. 하지만 미야자키는 적극적으로 자기 의견을 밝혔다. 그림 콘티를 바꾸고 가장 중요한 마지막 반전까지 만들어 냈다.

〈걸리버의 우주 여행〉은 한 소년이 소녀를 구하는 얘기다. 로봇은 푸른 별 사람들을 고향에서 쫓아냈다. 갖은 노력 끝에 테드는 마침내 푸른 별의 공주를 나쁜 로봇으로부터 구출한다.

미야자키는 이런 결말에 다음 장면을 추가하자는 의견을 내놓았다.

테드는 물로 공주를 치료해 준다. 그러자 체스의 말 모양이었던

---

* 움직임 혹은 동작의 처음과 마지막 프레임.

껍질이 깨지고, 공주는 인간이 된다. 공주의 본래 모습을 본 늙은 걸리버는 말한다.

"인간은 로봇을 만들면서 동시에 자신들도 로봇으로 만들고 있었어."

"나의 옷이……."

알에서 깨어난 병아리처럼, 공주는 벌거숭이였다. 테드는 겉옷으로 공주를 감싸 준다. 바람이 불어온다.

"추워……."

테드는 공주의 어깨를 살포시 감쌌다. 테드는 공주와 지평선을 바라본다.

"봐요, 일출이에요. 푸른 별은 새롭게 다시 태어났어요, 당신처럼."

미야자키가 만든 결말을 보고 동료는 감탄했다.

"그 결말이 대단했어. 물체로부터 진짜 인간이 나타나고, 한순간 바람이 불어 머리카락이 나부끼는 것 말이야."

일개 신인이었던 미야자키는 선배가 만든 캐릭터와 영화 자체의 주제를 바꿔 놓았다. 미야자키의 박력을 충분히 보여 준 사건이었다. 단순한 동화 담당이었던 그는 〈걸리버의 우주 여행〉(1964)부터 회사에서 두각을 나타내게 된다. 다음으로 TV 시리즈 〈닌자 소년 후지마루〉의 원화 애니메이터로 일하다 만난 동료 오타 아케미와 1년 후에 결혼했다. 두 사람 사이에는 아들 둘이 태어났다.

하지만 신입 애니메이터인 미야자키는 매일매일 단조로운 일만 반복해야 했다.

"언제까지 이런 일만 계속해야 하는 걸까?"

그런 일들은 미야자키의 열정을 만족시켜 줄 수 없었다. 눈코 뜰 새 없이 바쁜 일정에 몸과 마음도 지쳐 갔다. 밤샘은 기본이었고, 바빠서 끼니 때울 시간도 부족했다. 디즈니의 애니메이터는 애니메이션 제작 과정을 다음과 같이 표현한 바 있다.

종일 작업 : 하루 8시간, 주간 40시간 작업

바쁨 : 주간 40~45시간 작업

아주 바쁨 : 주간 45~50시간 작업

아주 아주 바쁨 : 주간 50~60시간 작업

결정적 시기 : 주간 60~70시간 작업

마감이 있는 결정적 시기 : 콜라 한 잔과 커피 한 모금으로 생활한다.

금요일까지 마감 : 병원 응급실의 전화번호를 찾는다.

완성 : 혼수상태에 빠진다.

고된 하루하루와 반복되는 작업에 미야자키는 애니메이션을 만드는 일을 계속해야 하나 고민했다.

'언제까지 이러고 살아야 하나? 이쯤에서 포기하는 게 낫지 않을까?'

게다가 애니메이터로 일해 보니 〈백사전〉이 얼마나 기술적 완성도가 떨어지는 작품인지를 알게 되었다.

'날 그토록 감동시켰던 작품이 이토록 허술했다니.'

이런 갈림길에서 미야자키는 〈백설 공주〉를 보고 〈백사전〉을 처음 보았을 때의 감동을 되살렸다.

'그래, 기술이야 갈고 닦으면 돼. 그것보다 사람의 마음을 움직이는 힘, 그게 더 중요해.'

애니메이션은 다른 어떤 장르보다 강렬한 감정을 정직하게 표현한다. 그로써 보는 사람의 마음까지 움직이는 것이다. 미야자키는 애니메이션의 힘을 새삼 깨달았다. 안데르센의 동화를 러시아 감독이 애니메이션으로 만든 작품 〈눈의 여왕〉도 미야자키의 결심을 다지게 했다.

북유럽의 작은 마을. 소년 카이와 소녀 겔다는 영원한 우정을 맹세한 친구 사이다. 찌는 듯한 여름날, 쨍쨍 내리쬐는 햇빛을 보고 카이는 빈정거린다.

"눈의 여왕을 뜨거운 스토브로 녹여 버리겠다."

이 말에 분노한 여왕은 카이를 얼음 궁전으로 납치한다. 봄이 되어도 카이는 돌아오지 않는다. 겔다는 친구 카이를 찾아 집을 떠난다. 들을 지나고 산을 넘던 겔다는 산적의 습격을 받는다. 위기의 순간, 산적의 딸이 겔다를 돕는다. 겔다의 이야기를 들은 동물들은 도움을 주고, 거듭된 위기를 헤치며 겔다는 얼음 궁전에 도착한다.

겔다의 눈물이 얼어붙은 카이의 마음을 녹인다. 카이가 따뜻한 마음을 되찾자, 눈의 여왕은 사라지고 둘은 마을로 돌아온다.

"캐릭터가 생생해. 표현도 섬세하고."

러시아 애니메이션이 미야자키를 사로잡았다. 당시 디즈니 애니메이션이 세계를 주름잡았다. 하지만 디즈니 영화는 다들 비슷비슷했다. 미야자키는 러시아 애니메이션에서 디즈니와 다른 세계를 발견했다.

"1963년 나는 도에이 동화의 신인 애니메이터가 되었지만 일은 재미가 없었다. 만약 〈눈의 여왕〉을 만나지 못했다면 그만뒀을 게 분명하다. 〈눈의 여왕〉은 그림을 움직이는 작업에 얼마나 애착을 가져야 하는지 알려 줬다. 순수하고 소박하게 자신의 생각을 계속 밀어붙이면 된다. 애니메이션은 다른 어떤 장르의 최고 작품들에 견주어도 손색이 없다. 애니메이션이 얼마큼 인간의 마음을 흔들어 놓을 수 있는지를 이 작품이 증명해 보였다."

무엇보다 미야자키는 '운명과 싸워 자신의 의지를 관철시킨 주인공'에게 감동받았다. 게다가 주인공이 소년이 아닌 소녀라는 점이 새로웠다.

애니메이션 걸작뿐만 아니라, 노동조합도 미야자키에게 힘이 되어 준다. 도에이 노동조합은 〈백사전〉이 완성된 직후인 1958년, 열

악한 노동 조건을 개선하고자 만들어졌다. 당시 도에이 사는 '장편 동화 제작반'과 'CM 제작반'으로 나뉘었는데, 어느 쪽이나 계속되는 잔업에 시달렸다. 애니메이터들의 불만은 점점 쌓여 갔다.

"우리의 뜻을 회사에 전할 조직이 필요해."

단짝 다카하다 이사오가 부위원장인 노동조합에서 미야자키는 서기로 활동한다.

"하늘을 넘어서 랄라라 별의 저편으로, 가자 아톰 제트를 최고로~♪"

1963년 〈무쇠팔 아톰〉이 일본 최초의 TV 애니메이션으로 방영되었다. 데즈카 오사무의 아톰의 인기는 폭발적이었다.

"우리도 더 늦기 전에 TV로 진출해야 돼."

도에이 동화에서도 질세라 TV 애니메이션 팀을 만들었다.

미야자키는 사람들의 관심이 TV 시리즈로 쏠리는 것이 마뜩치 않았다.

"이러다가 모두 TV 시리즈에 매달려야 하는 거 아니야?"

미야자키가 이런 고민을 한 것은 당연했다. TV 시리즈는 제한된 비용과 빡빡한 일정에 맞춰 만들어진다. 한 편당 셀*의 수를 최대한 적게 유지해야 하기 때문에 크고 화려한 동작은 표현이 가능하

---

* 종이에 그린 그림을 옮겨 놓는 투명한 합성수지.

지만 표정 연기나 작은 제스처는 표현하지 못한다. 풍부한 표현이 가능한 작업을 꿈꾸던 미야자키는 TV 시리즈로는 만족할 수 없었다. 더 큰 문제는, 일이 없을 때는 애니메이터들이 손을 놓고 있어야 하니 실력이 녹슬기 십상이라는 점이었다. 게다가 일이 몰릴 때는 훈련을 제대로 받지 못한 신참들이 일을 맡으니 작품의 질이 떨어졌다.

아직은 TV 애니메이션의 제작 조건이 장편 애니메이션을 만드는 데는 영향을 미치지 않았다. 하지만 시간 문제였다. 미야자키는 많은 TV 시리즈가 제작되면 극장용 애니메이션을 만들 기회가 점점 더 줄어들 거라고 판단했다.

1965년 미야자키는 극장용 장편 애니메이션 〈태양의 왕자 호루스의 대모험〉의 제작에 참여할 기회를 얻는다. 다카하다 이사오가 감독을 맡았다. 그들은 텔레비전에 밀려 더 이상 장편 애니메이션을 만들 수 없을지도 모른다는 위기감과 싸워야 했다.

이번이 마지막 기회일지도 모른다.

꿈을 향한 첫발

태양의 왕자 호루스

〈태양의 왕자 호루스의 대모험〉은, 아이누 족의 신화를 바탕으로 한 인형극 〈타키사니의 태양〉을 북유럽으로 옮긴 작품이다. 열네 살 소년 호루스는 늙은 아버지와 둘이서 폐선에 산다. 죽음을 앞둔 아버지는 호루스에게 비밀을 털어놓는다. 옛날 자신이 살던 마을은 악마의 계략에 의해 멸망했으며, 갓 태어난 호루스를 데리고 배를 타고 간신히 여기 도착했다고. 그러나 혼자서 살아가려고 했던 게 잘못이라는 것을 지금에야 알게 되었다고 말한다.

"호루스, 바깥세상으로 나가서 동료들과 함께 살아라."

아버지가 숨을 거둔 다음 날, 호루스는 불타는 폐선을 뒤로한 채 돛단배를 타고 떠난다. 바위 거인 모그에게 '태양의 검'을 받은 호루스는 악마 그룬월드의 유혹을 물리치고 사람들이 사는 마을로 내려간다. 그리고 아버지의 유언대로 마을 사람들과 힘을 합쳐 악마의 재앙을 물리치려고 애쓴다. 어느 날 그들 앞에 악마가 보낸 신비의 소녀 '힐다'가 등장하고 마을은 혼란에 빠진다. 호루스와 마을 사람들은 힘을 합쳐 악마를 퇴치하고, 악마의 여동생 힐다는 인간이 된다.

다카하다는 TV 시리즈보다 훨씬 뛰어난 작품을 만들고자 했다. 그러기 위해서는 되도록 많은 사람들의 도움이 필요했다.

"함께 만드는 거다. 선후배, 지위 고하를 막론하고 누구든 참여할 수 있다."

누구든지 스토리 보드와 기획회의에 참가할 기회가 열렸다. 작화에 들어가기 전의 준비 단계부터 누구라도 참가할 수 있다. 캐릭터도 함께 만들어 갔다. 누군가 캐릭터를 고안해 벽에 붙이면 다카하다가 캐릭터별로 담당자를 정했다. 많은 사람들의 디자인과 생각이 섞여 '이건 나만의 캐릭터다'라고 고집 부릴 수 없었다.

미야자키는 원화 외에 레이아웃이나 몇몇 중요한 장면의 이미지 보드를 만들어서 매일같이 벽에 붙여 놓았다. 그중 '바위 거인 모그'가 채택되었다. 미야자키는 학생 때부터 상상했던 이미지를 활용했다. 모그는 세계가 창조될 때부터 서 있던 거인이다. 그의 숨결에 의해 마른 나무가 다시 살아나고 옷에서는 뿌리가 자란다. 바위 거인은 자연과 지구를 지탱하는 힘을 의미한다.

〈태양의 왕자 호루스의 대모험〉을 위한 회의가 거듭되었다. 다들 머리를 맞댔다. 배경이 되는 마을의 스케치를 두고 다카하다가 질문을 던진다.

"마을은 어디 있고 강은 어디쯤 있을까?"

"간토 노인은 어디서 살며, 호루스는 마을의 어디로 들어올까?"

질문들로 마을의 모습이 점점 구체화되었다.

"이런 마을이라면 어떤 집이 있을까?"

좀 더 자세한 질문들이 이어졌다.

"그럼 집 안의 모습은 어떨까?"

다카하다가 질문하면 미야자키는 그림으로 답했다. 스케치가 쌓여 갔다. 다카하다는 미야자키가 내놓은 풍부한 아이디어를 빠짐없이 사용하려고 애썼다.

"괴상한 물고기가 나오는 장소, 연못이 아니라 다른 데면 어떨까?"

작은 강, 계곡의 폭포, 호수로 바꿔 보았다.

"너무 작은 것 같은데……. 좀 더 황량하고 큰 장소였으면 좋겠는걸."

콘티 작성을 앞두고, 절벽으로 둘러싸인 험난한 풍경이 완성되었다.

이러한 작업 방식을 '스노볼링 아이디어(Snow-balling idea)'라 한다. 하나의 아이디어에 다른 사람들의 의견을 덧붙여 눈사람을 만들듯 키워 가는 것이다.

미야자키는 이 작품을 위해 대형 스크랩북으로 다섯 권, 쌓아 놓으면 20센티미터나 되는 이미지 보드집을 만들었다. 작화를 맡은 오츠카 야스오는 혀를 내둘렀다.

"미야자키 하야오라는 사람은 기마 민족의 후예와 같아서 자료를 전혀 남기지 않는다. 자신이 만들고 싶은 영화를 위해 오로지 열정을 불태우고, 폭풍처럼 휘몰아치며 마구 달린다. 그 뒤에는 그의 에너지로 타 버린 연기 자욱한 폐허와 밀도 깊은 영화 한 편만 남는다. 미야자키는 어떤 영화를 만들 것인가라는 구상과 꿈으로 머리가 꽉 차 있는 스타일로, 뒤돌아보는 것을 극도로 싫어한다."

미야자키는 자기가 맡은 몫보다 더 큰일을 해내 주목을 받았다. 아직 신인에 지나지 않아 책임 있는 위치에 설 가능성은 전혀 없는데도 불구하고 에너지와 재능을 이 작품에 쏟아부었다. 스토리를 만들었다. 바위 거인, 얼음 매머드, 얼음 위의 배, 돼지 피고, 힐다의 의상 등의 아이디어를 제출했다. 난파선, 출항 장면, 마을, 유해를 지키는 의식, 폐촌 등의 이미지 보드 작업도 담당했다. 메인 스태프로 작화 작업을 시작한 후에도 늑대나 쥐 습격 장면, 힐다의 노래에 귀 기울이는 마을 사람들의 모습 등 장면 설정에도 힘을 보탰다.

호루스를 함께 만들었던 동료는 미야자키가 영화 제작에 참가하는 한 사람의 스태프 이상이었다고 말했다.

"그는 작품 전체를 통해 하나의 세계를 구성합니다. 결국 일개의 애니메이터 연출가라기보다는 작가라고 하는 편이 더 적절할지 모르겠습니다."

미야자키는 애니메이터를 지망하는 젊은이들에게 이렇게 말한 바 있다.

"어느 누구도 당신에게 기대하고 있지 않더라도, 당신이 공짜로 기획을 제안하고 그 제안이 설득력을 갖고 있다면, 지독히 완고한 기득권주의자가 스태프로 있지 않는 한 당신의 세계는 받아들여질 수 있다. 여하튼 공짜인 데다가, 그 제안이 받아들여지더라도 타이틀에 당신의 이름을 반드시 넣을 필요 따위가 없기 때문에, 메인 스태프에게는 무조건 득이 되는 것이다. 그리고 당신은 그 순간 처음으로 작품을 만드는 전율을 느낄 수 있다."

미야자키 혼자 여러 사람의 일을 맡아 대활약을 펼쳤지만 신입이라 영화에 이름이 올라가지 않았다. 하지만 다카하다는 미야자키의 공로를 높이 사서 타이틀에 '장면 설정 담당 미야자키 하야오'라고 이름을 올려 주었다.

〈태양의 왕자 호루스의 대모험〉은 1965년 가을부터 준비가 시작되었는데 이듬해 중단되었다. 회사 측이 준비한 예산 7000만 엔의 두 배인 1억 4000만 엔으로 제작비가 올라갔기 때문이다. 경영자들은 아예 끝내든지 작품 규모를 축소하라고 요구했다. 노동조합에선 이에 저항했고 제작은 계속되었다.

1968년 7월 〈태양의 왕자 호루스의 대모험〉이 사람들에게 선보였다. 그러나 오랜 제작 기간에도 불구하고 흥행에 참패하고 말았다. 연출을 맡았던 다카하다는 연출 조수로 밀려났고, 미야자키의 활약도 빛이 바래 버렸다.

알프스 소녀와 판다

새로운 도전이 필요했다.

1971년 미야자키, 다카하다, 작화 감독 코다베 요이치 3인방은 도에이 동화에서 나와 A프로에 합류했다. A프로는 다양한 작품을 제작할 계획이었는데 〈삐삐 롱 스타킹〉도 그중 하나였다.

"북유럽이 무대라. 로케이션 헌팅을 가야겠는데."

로케이션 헌팅은 로케가 가능한 장소를 미리 조사해 두는 작업이다.

"애니메이션이잖아. 사진이나 그림을 보고 그려도 되는데 왜 굳이 가자는 거야?"

게다가 국내가 아닌 해외까지 출장을 간다는 건 흔치 않은 일이었다. 하지만 좋은 작품을 만들자는 욕심으로 미야자키는 '도쿄 무비신사'의 회장과 스웨덴으로 떠났다. 여행은 미야자키에게 큰 도움이 되었다. 고틀란드 섬의 성채 도시 비스비나 박물관을 둘러보고 미야자키는 유럽 문화에 관심을 갖게 된다. 일본이란 좁은 틀에서 벗어나 세계로 관심을 넓혀 나갔다.

〈삐삐 롱 스타킹〉의 주인공은 빨간 머리 말괄량이 아홉 살 소녀 삐삐. 금화가 가득 든 가방을 들고 마을로 들어와 뒤죽박죽 별장에서 산다. 어른들의 간섭을 받지 않고 힘도 무지 세다. 요리와 세탁, 청소도 놀이처럼 즐긴다.

미야자키는 삐삐를 자유분방한 소녀로 그리고자 했다. 이를테면 옷을 훌훌 벗어 버린 삐삐는 침실 창문을 통해 연못에 풍덩 뛰어든다. 미야자키의 머릿속에서 기운 센 장사에 해적 아버지를 둔 주근깨 소녀가 점점 모습을 갖춰 갔다. 하지만 원작자인 아스트리드 린드그렌은 이 작품을 애니메이션으로 만드는 것에 반대했다. 아쉬웠지만 기획안은 서랍 속으로 들어갔다. 그렇다 해도 로케이션 여행으로 동료들과 더욱 가까워졌다. 함께 일할 콘도 요시후미라는 젊은 애니메이터를 이때 알게 된다.

1973년 여름, 미야자키는 동료들과 주이요 영상으로 자리를 옮겨 〈알프스 소녀 하이디〉를 만든다. 이번에는 스위스로 로케를 떠났다. 미야자키가 공항에 도착했다.

"자네, 지금 그 차림새가 뭔가?"

반바지에 조끼, 모자를 눌러쓴 미야자키가 머리를 긁적였다.

"누구긴, 피터지. 보면 모르겠나?"

미야자키는 하이디의 친구인 양 치는 소년 피터로 변장한 것이다. 자신이 그리는 캐릭터와 좀 더 가까워지고 싶은 마음에다 장난기가 더해졌다. 양치기 소년의 지팡이까지 들고 미야자키는 비행기에 올라탔다.

스위스를 돌아다니며 사람들이 사는 모습과 풍경을 스케치해 뒀다. 미야자키는 무엇을 묘사하든지 반드시 자신이 보고 온 풍경을 기초로 한다는 원칙을 세웠다. 실제로 봐야만 섬세한 표현이 가능하다. 작품의 무대가 되는 공간이 생생하게 살아난다. 공을 들인 결과 알프스 소녀 하이디에는 웅대한 알프스의 사계절과 생활상이 실감 나게 담겼다.

시리즈 초반부에는 알프스의 하루하루가 그려진다. 염소 젖을 짜는 장면, 쇠꼬챙이 끝에 꽂은 치즈를 숯불에 굽는 장면, 사다리를 타고 올라간 옥상 뒤쪽의 방에 말린 풀을 쌓아 푹신푹신한 침대를 만드는 장면, 둥근 창밖으로 산의 경치가 보이는 위치에서 잠을 자는 하이디의 모습은 보는 사람들을 알프스로 데려다 놓았다. 〈알프스 소녀 하이디〉는 수출되어 유럽 사람들도 보았는데, 아무도 일본 작품인지 눈치채지 못했다.

원래 미야자키는 TV 시리즈는 밥벌이를 위한 일이라고 여겼다.

하지만 실제로 작업을 해 보니 남다른 매력이 있었다. 다카하다와 미야자키는 어린이 관객에서 다가갈 방법을 궁리했다.

"어린이의 일상을 작품에 담아 보자."

아이들이 어떤 생활을 하며, 어디서 기뻐하고 놀라워하는지를 진솔하게 표현해 보자는 것이다. 기존의 아동 애니메이션은 주로 요란한 소리나 번쩍거리는 화면으로 눈길을 끌었다. 불을 뿜고 광선이 번쩍거리는 장면이 등장한다. 하지만 〈알프스 소녀 하이디〉에서는 자극적인 장면을 찾기 어렵다. 오히려 아이들의 일상과 감정이 소박하게 그려진다. 어린이 시청자들은 자신들의 일상과 생각들이 표현된 작품에 호감을 느꼈다.

"이건 우리들의 이야기다."

"맞아. 나도 어른들을 올려다보면 거인 같았는데."

"기둥들이 바삐 돌아다니는 것 같잖아?"

아이들은 만화에서 자신들의 하루하루를 발견해 냈다. 이 작품은 일본에서뿐만 아니라 세계 각국에서도 호평을 받았다. 〈알프스 소녀 하이디〉의 성공으로, 세계 명작 문학이 원작인 시리즈가 만들어진다. 미야자키는 〈엄마 찾아 3만 리〉, 〈빨강 머리 앤〉, 〈플랜더스의 개〉 등을 만드는 데 참여했다. 뒤이어 극장판 애니메이션 〈판다와 아기 판다〉의 제작에 착수했다.

"엄마, 우리도 판다 보러 가자!"

1972년, 중일 외교 정상화로 우에노 동물원에 자이언트판다가 들어왔다. 일본 사람들은 판다를 보러 동물원에 몰려들었고, 입장객은 700만 명을 돌파했다. 일본인들은 경제 발전으로 눈코 뜰 새 없이 바빴다. 돈을 벌었지만 점점 지쳐 갔다.

"판다처럼 살고 싶다."

"판다가 부러워."

실제로 판다는 하루 3분의 2는 잠을 자고, 나머지 3분의 1은 대나무를 먹으며 지낸다. 일본 사람들은 느긋하고 여유로운 판다를 보며 안식을 얻었던 것이다.

미야자키는 판다가 주인공인 〈판다와 아기 판다〉를 만들었다. 주인공 미미코는 할머니와 대나무로 둘러싸인 집에서 산다. 삐삐와 닮은꼴이다. 어느 날 할머니는 할아버지의 제사 때문에 여행을 갔고, 동물원에서 탈출한 판다 부자가 미미코의 집으로 숨어든다.

"이 집이 괜찮은걸. 특히 대나무 숲이 너무 좋아."

아빠 판다는 흡족해하며 미미코의 집에 눌러앉는다. 혼자 지내던 미미코는 기뻐하며 판다 부자와 소꿉놀이를 한다.

"나는 엄마, 아빠 판다는 아빠, 그리고 넌 아기가 되는 거야."

미미코는 아버지는 이래야 한다며 아빠 판다에게 모자를 씌우고, 파이프를 물려 주고, 방에서 신문을 읽으라고 한다.

"서두르지 않으면 회사에 늦어요!"

미미코가 재촉하자 아빠 판다는 고개를 갸웃거린다.

"회사?"

이 세상 어떤 판다도 회사에 다니지 않는다. 당혹스러워하는 아빠 판다를 보고 미미코는 말한다.

"참, 오늘은 회사가 쉬는 날이지."

미미코는 너스레를 떨며 놀이를 계속한다. 아기 판다가 우유를 마신다. 입 주위가 하얘지자, 아기 판다는 아무렇지도 않게 혀로 입 주위를 핥는다.

"멋진 방법으로 마시는걸!"

미미코는 감탄하며 같은 방법으로 우유를 마신다.

아빠 판다가 육중한 엉덩이를 들이밀자 의자가 망가진다. 가구를 망가뜨렸으니 큰일이다. 혼날 텐데. 하지만 아빠 판다는 의뭉스럽게 말한다.

"음…… 이 의자는 누군가 앉아 있는 걸 싫어하나 봐."

아빠 판다의 말에 미미코는 뒹굴며 웃는다. 실수를 하고 혼날까 봐 조마조마한 어린이의 마음이 담긴 장면이다. 위기의 순간들은 웃음으로 마무리된다.

아기 판다가 강으로 떠내려갔다. 바로 앞이 폭포다. 어른들은 수문을 잠가서 판다를 구하려고 한다. 하지만 조종관에 녹이 슬어 움직이지 않는다. 미미코는 강에 뛰어들어 안간힘을 다해 아기 판다가 떠내려가는 것을 막는다. 하지만 점점 힘이 빠진다. 어떻게 하지? 사람들이 발을 구르는데, 아빠 판다가 나타나 괴력으로 수문을 잠근다. 아기 판다를 구조하려던 어른들은 발을 헛디뎌 밑으로 떨어진다. 다음 순간, 사람들은 즐거워하며 차례로 강에 뛰어든다. 수문으로 물줄기가 막힌 강은 수영장이 된다. 마지막으로 아빠 판다가 뛰어들자 거대한 물기둥이 솟아오른다. 방금 전까지의 위기 상황은 사라지고 즐거운 놀이가 시작된다. 조마조마했던 마음은 한바탕 놀이로 풀어진다.

그러나 마침내 판다 부자의 탈출 사실이 들통 난다. 관객들은 이들의 이별을 예감하지만, 어찌 된 건지 아빠 판다는 매일 아침 미미코 집에 출근하고, 집에 돌아갈 때는 동물원의 타임카드를 누르고 만원 전철을 탄다는 허를 찌르는 내용이 이어진다. 일상 속에 나타난 비일상이 다시 일상이 되고 영화가 끝나도 계속될 것임이 암시된다. 다카하다는 어린이의 일상을 그리는 작업이 왜 소중한지를 다음과 같이 말했다.

아주 평범한 일상 속에서 일어나는 신기한 일들을 생생하게 그려내 어린이들이 직접 마법을 체험하게 합니다. 마법을 밖에서 관망하게 하는 것이 아니라 존재감 있는 세계 안으로 끌어들이고 그 안에서 어린이의 마음을 해방시켜 주는 것이지요. 나는 이러한 작품은 더 있어야 한다고 생각하고, 기회가 된다면 협력의 형태로 변하더라도 다시 미야자키와 함께 그러한 작품을 만들고 싶습니다.

미야자키는 초등학교 신입생인 장남과 극장에 갔다. 아이들의 뒤통수를 바라보았다. 과연 아이들이 이 작품을 좋아해 줄까? 다른 영화가 상영될 때는 사방을 돌아다니던 아이들이 〈판다와 아기 판다〉가 시작되자 자리에 앉아 스크린을 넋 놓고 바라보았다. 손뼉을 치기도 하고, 웃기도 하고, 물을 끼얹는 것도 따라 했다. 마지막에 아이들은 입을 모아 "판다 아기 판다 아기 판다" 주제곡을 합창하기 시작했다. 미야자키는 그렇게 행복했던 순간이 없었다고 말했다.

"어린이의 한 시간은 어른의 10년이다. 어렸을 때 인상 깊게 본 작품은 어른이 된 후에도 오랫동안 남는 법이다. 좋은 작품을 만들어야 한다."

다음 작품으로는 뭘 만들지? 미야자키는 예전부터 모험 활극을 만들고 싶었다. 소녀를 지키기 위해 소년이 달리고 날아다니는 작품을 선보이고 싶다.

"자신이 만들고 싶다고 생각한 작품, 그것이 나의 애니메이션이다."

자신의 힘을 몽땅 쏟아부을 수 있는 작품을 기다렸다. 하지만 극장용 장편 애니메이션을 만들 기회는 좀처럼 찾아오지 않았다. 그러던 중 코난이 나타났다.

달려라, 코난

서기 2008년 7월.

초강력 병기가 세계의 절반을 파괴했다. 거대한 지각 변동으로 지축은 기울고, 다섯 개 대륙이 바다에 잠겼다. 인류는 전멸 직전에 놓인다. 작은 섬에서 할아버지와 단둘이 사는 열두 살 소년이 있으니, 이름 하여 〈미래 소년 코난〉.

미래의 소년은 어떤 모습일까?

얼굴은 창백하고 머리통만 커다랄 것 같다. 문명이 발달하니 몸을 쓰는 일보다 머리나 손가락을 쓰는 일이 더 많을 거란 생각에서다. 외계인들이 문어랑 닮은 것도 그 때문이다.

하지만 코난은 야생소년이다. 맨몸으로 하는 건 뭐든 최고다. 러

닝셔츠에 반바지 차림, 맨발로 들판을 뛰어다닌다. 초인적인 도약력과 괴력, 유연한 몸놀림. 거기에 괴력의 발가락, 단단한 머리, 돌고래를 능가하는 잠수 실력이 더해진다. 이 생명력 넘치는 열두 살 소년이 소녀 라나를 지키려고 애쓰는 이야기 〈미래 소년 코난〉은, 1978년 미야자키가 감독으로서 맨 처음 만든 TV 시리즈다. 제작 기간은 짧았고 제작비도 부족했다. 시간에 쫓기고 돈을 쪼개 가며 만들어야 했다. 그 전까지는 스텝으로 참가했지만, 이번에는 모든 걸 총괄하는 감독 역할을 맡았다. 자신의 아이디어와 스타일을 펼치고, 작품의 전체 구조도 결정할 수 있었다.

"〈미래 소년 코난〉은 내가 만들고 싶었던 작품이고 기쁜 일이었다."

알렉산더 케이의 『The Incredible Tide』를 원작으로 삼았다. 지구의 멸망과 멸종을 앞둔 인간들이 등장한다. 살아남은 사람들은 폐허에 모여 플라스틱 등을 재활용해 근근이 먹고산다. 이 와중에서 누구는 지구를 지배할 야욕을 키우고, 약한 사람들을 노예로 삼는다. 늙은 과학자 라오, 손녀 라나, 코난이 세계 지배의 음모와 맞선다. 이러한 원작의 내용은 〈미래 소년 코난〉의 바탕이 된다. 하지만 미야자키는 원작에서 설정만 빌려 오고, 다른 부분들은 자기 뜻대로 바꿔 놓았다.

이를테면 원작 소설에서 열일곱 살이던 코난은 열두 살이 된다. 왜 어려진 것일까? 주인공 캐릭터를 두고 미야자키는 스스로에게 물었다.

"자기를 만화 영화 주인공이라고 상상하는 아이들은 몇 살 정도일까?"

"주인공이 몇 살이면 서슴없이 공주를 구하러 나설까?"

이런저런 생각 끝에 미야자키는 초등학교 4학년이란 답을 내렸다. 열두 살이면 공상 속에서 어른들과 싸울 수도 있다. 좋아하는 친구를 구하려고 앞뒤를 가리지 않는다. 게다가 대책 없이 기운이 넘친다. 활기차며 여간해서 기도 죽지 않는다. 미야자키는 이런 소년이 코난으로 맞춤이라 생각했다.

"코난은 평범한 어린이입니다. 건강하고 즐겁게 사는 걸 좋아하죠. 하루하루를 알차게 놀려 듭니다. 섬에 마을을 만들고 물고기를 잡고, 그것만으로도 신나합니다. 슈퍼맨도 아니고 영웅이 되고 싶지도 않습니다."

코난은 양팔을 휘저으며 다리 쭉쭉 펴고 달리고 주먹 쥔 두 팔을 허리에 바짝 붙이고 종종걸음 친다. 이런 소년이 주인공인 작품이 어둡기는 힘들다. 미야자키는 종말감이 감도는 어두운 분위기를 지닌 〈미래 소년 코난〉을 활력이 넘치는 만화 영화로 만들었다.

원작에서 주인공 소년과 소녀는 텔레파시로만 얘기하다가 마지막 부분에서야 만난다. 하지만 미야자키 작품의 코난과 라나는 첫 회부터 만난다.

사냥한 상어를 짊어지고 가던 코난은 바닷가에서 라나를 발견한
다. 눈을 뜬 라나는 자기를 내려다보는 상어를 보고는 다시 정신을
놓는다. 할아버지와 단둘이 살던 코난은 둘 빼곤 지구인이 모두 죽
은 줄 알았다. 라나를 구함으로써 코난은 사람들이 모여 사는 하이
하바 이야기를 듣는다. 하이하바는 숲으로 둘러싸인 섬으로, 풍차
와 밭, 목장이 있고, 과일도 맛깔난다. 그 섬에서 평화롭게 살던 라
나는 태양 에너지의 비밀을 캐내려는 일당에게 잡혔고, 도망을 치
다가 이 섬에 표류했다는 것이다. 코난은 난생처음 친구가 생긴 게
마냥 기쁘다.

코난은 라나를 안고 파란 하늘 아래로 달려간다.

"라나는 가벼워, 새처럼."

그러던 중 하늘에서 비행정이 날아온다.

"큰 새가 난다!"

코난은 반기지만, 라나는 저것이 "인더스트리아의 비행정 파르
코"라고 말한다. 도망친 라나를 잡으러 온 것이다. 비행정에서 내린
몬스리와 대원은 라나를 찾아다니다 코난의 할아버지를 만난다. 인
간을 보고 반기던 할아버지는 총을 보고는, "너희들은 아직도 이런
짓을 하고 있느냐"고 화를 낸다. 무기로 지구를 파멸시켜 놓고는 아
직도 정신을 차리지 못한 것을 질책한다. 원래 할아버지는 동료들
과 로켓을 타고 우주로 탈출하려고 했지만 연료 탱크 이상으로 이

섬에 추락했다. 황폐한 땅에 절망했던 그들은 어느 날 땅속 깊이 박힌 로켓의 앞부분에서 샘물이 솟는 것을 발견한다.

"살아라, 꿋꿋하게 살아라."

그들은 한때 자신들이 버리려던 지구가 그렇게 얘기하고 있다고 생각한다. 섬에 자연이 돌아온다. 푸른 싹이 돋고 해변에는 작은 생물들이 꿈틀거리고 새가 날아왔다. 지구는 그렇게 다시 시작하고 있었던 것이다.

미야자키는 이런 재생의 이미지는 원폭 피해를 당한 일본인들이 아니면 느낄 수 없는 것이라고 말한다. 사람들은 원자폭탄이 떨어진 히로시마나 나가사키에는 100년 동안 초목이 살 수 없다고 예상했다. 하지만 자연은 그 생명력으로 대지와 인간을 되살려 놓았다.

할아버지는 몬스리 일당을 섬에서 쫓아내기 위해 숨겨 뒀던 미사일을 들고 나온다. 하지만 반격을 당해 미사일은 폭발해 버리고 할아버지는 폭풍에 휩싸인다.

"라나를 지켜 줘!"

할아버지의 말에 코난은 라나를 태우고 날아오르려는 비행정에 달라붙는다. 날개에 작살을 꽂고 총알을 피한다. 강풍이 불어오자, 발가락으로 날개를 움켜쥐고 안간힘을 다하지만, 코난은 바다로 떨어진다.

라나는 잡혀가고 할아버지는 숨을 거둔다. 할아버지는 "이제부터 너는 혼자서 살아야 한다. 하지만 인간은 혼자서 살아갈 수 없다. 이 섬을 떠나라. 새로운 세계를 찾아라. 동료를 찾아 동료를 위해 살아라"라는 유언을 남긴다.

할아버지의 돌무덤에 꽃을 심고 코난은 섬을 떠난다. 할아버지는 동료가 있는 곳으로 가라고 했는데, 아는 동료는 라나뿐이다. 마음에 떠오르는 건 라나밖에 없다.

"그래, 라나 곁으로 가자."

라나에 대한 한결같은 마음. 〈미래 소년 코난〉은 소녀를 지키려는 한 소년의 이야기다. 하지만 라나는 그저 구출을 기다리는 나약한 소녀가 아니다. 약해 보이지만 마음은 강인하다. 라나는 절대로 내줄 수 없는 걸 꿋꿋하게 지켜 나간다.

"그걸 지킬 수 없는 사람이라면 여주인공으로 삼지 않을 겁니다."

작품을 시작할 때는 '주인공이 태어난 고향 섬을 떠나 여행하다가 마지막에 돌아온다'란 뼈대만 있었지, 확실하게 정해진 건 하나도 없었다. 전반부가 그려져야 후반부 내용이 짐작되었다. 전체 내용은 미야자키 자신도 몰랐다. 작품에 대한 이런 접근 방식은 이후에 미야자키가 감독을 맡은 작품에서 공통적으로 적용된다.

이 작품에서 미야자키는 시리즈 구성부터 캐릭터, 메카닉 디자인과 설정, 이미지 보드, 그림 콘티, 레이아웃 일체를 맡았다. 또한 작업된 원화도 모두 점검해서 수정했다. 이후에도 이전에도 이토록 한 개인의 개성으로 완성된 TV애니메이션은 없었다. 26부작 〈미래 소년 코난〉은 1978년 4월 4일부터 매주 화요일 저녁 7시 30분부터 30분간 방영되었다. 미야자키는 "여럿이 봐 줬으면 싶네요, 정말로. 많이 애쓰고 노력했기 때문에 가능한 한 많은 사람이 봐 주었으면 해요"라고 말했지만 〈미래 소년 코난〉의 시청률은 높지 않았다.

처음 방영되었을 때 평균 시청률은 11~12%였다. 당시 인기 폭발이던 퀴즈 프로그램과 같은 시간대에 방송된 까닭도 있었지만, 별다른 홍보도 하지 않아 그다지 화제가 되지 못했다. 하지만 방송이 끝나자 재방송 요청이 밀려들어 왔다.

"미래 소년 코난의 재방송을 원하는 분들은 여기 이름을 적어 주세요."

젊은이들 사이에서는 서명 운동까지 벌어졌다.

〈미래 소년 코난〉에 대한 팬들의 반응이 다소 늦었던 건 유행했던 애니메이션과 달라서였다. 당시에는 사실적인 그림에 매우 진지한 영화들이 주로 인기를 얻었다. SF마니아들은 미래를 다룬 작품이라면 얼마나 첨단과학 기술을 흉내 냈느냐만 따졌다. 〈우주 전함 야마토〉의 캐릭터들은 팔등신에 괴로움이 가득한 얼굴로 세상을 걱정하며 번민하지만, 〈미래 소년 코난〉에서는 유쾌 발랄한 소년이 사방팔방으로 뛰어다닌다. 그림도 전혀 사실적이지 않고 소박하다. 레이저 총이 아닌 기관총이 등장하고, 미래의 첨단 병기 대신 나방을 닮은 경비행기가 돌아다닌다. 미야자키는 "요즘 아이들에게 예스러운 비행기를 타는 것이 얼마나 재미있는지를 알려 주기 위해서" 비행정의 디자인을 1930년대 경비행기에서 따왔다고 했다. 미래 사회가 실감나게 묘사되는 것이 아니라 시대를 되돌린 듯한 섬이 등장한다.

사람들은 〈미래 소년 코난〉은 〈우주 전함 야마토〉 등에 비하면 '10분 의 1 정도의 인기도 안 된다'고 깎아내렸다.

하지만 이 작품은 하늘을 보게 한다. 날고 싶은 마음, 꿈을 펼치고 싶은 백지가 펼쳐진다. 빠져들 듯한 파란 하늘은 이후에도 미야자키 작품의 단골손님으로 등장한다. 배경 미술 담당자는 "평상시보다 조금 더 짙은 파란색을 강하게 썼다"고 했다. 하늘은 파랗고 반대로 지면은 모래 해변으로 새하얗다. 파란 하늘과 하얀 땅 사이에서 코난은 뛰어다닌다.

코난은 천성인 순수함으로 주변을 밝고 따뜻하게 만든다. 할아버지가 죽었을 때조차 실컷 통곡을 했어도 복수심에 불타지 않는다. 할아버지를 죽게 한 몬스리를 구해 주기도 한다.

코난은 어떤 상황에서도 결코 희망을 잃지 않는다. 이를 악물거나 참을성이 강해서가 아니다. 어릴 적부터 자연을 친구삼아 자유롭게 지냈기 때문이다. 경쟁에서 이겨서 생긴 자신감도 아니다. 마음의 소리에 충실해서다.

마음은 알고 있다, 행복의 예감을

양손은 안는다, 부풀어 가는 희망을

두 발은 거쳐 간다, 아득한 지평을

- 〈미래 소년 코난〉 엔딩 곡 〈행복의 예감〉

3장

지브리 스튜디오를 세우다

미야자키 작품은 히트하지 못한다

"우리들의 코난이 아니야!"

1979년 개봉한 〈미래 소년 코난〉의 극장판을 보고 미야자키는 분노했다. 닛폰 애니메이션은 26편의 시리즈를 극장용으로 재편집해 극장에 올렸다.

미야자키는 성급하게 편집하는 걸 반대했다. 잘라 붙여 압축해서 보여 주기보다는 재방영으로 전편을 보여 주어야 한다고 했다.

"기업이 다음 작품을 제작할 조건을 마련하기 위해 이익을 남길 필요가 있다는 걸 인정한다. 하지만 장삿속으로 생각하더라도 애니메이션 붐에 허둥지둥 끌려다니거나 필름을 조각내는 건 황금알을 낳을지도 모르는 햇병아리를 잡는 거다. 조그만 병아리를 잡아 봤자 참새구이 한 마리만도 못하다.”

미야자키는 단호하게 말했다.

“총 편집은 불가능하다.”

영화사 측과 의논한 끝에 이틀에 걸쳐 마라톤 상영회를 하고, TV 방영에 맞춰 한 시간 반 정도의 극장용 단편을 만들어 볼 수는 있노라고 말했다. 하지만 미야자키의 제안은 애매하게 거절당하고, 그 사이에 상영 절차나 신작 발표회 행사가 기획된다.

“그래도 남에게 당하는 것보다는…….”

감독 본인이 편집하는 게 낫지 않느냐고 애니메이션 회사의 동료들은 설득하고 나섰다. 미야자키는 고민했다. ‘세 시간 동안 26편 중 6편 분량 정도를 TV판 그대로 상영하고, 그 사이는 내레이션으로 연결하는 건 어떨까?’

하지만 자신이 만든 작품에 가위를 대거나 풀칠을 하는 게 쉽지 않았다.

“난 정말로 어떻게 해야 할지, 어떤 부분을 잘라 내야 할지 모르겠다.”

미야자키는 극장용 재편집에서 손을 떼고 타이틀에도 이름을 올리지 않겠다고 말하고는 닛폰 애니메이션과 관계를 끊었다.

“코난 소동에는 더 이상 휘말리고 싶지 않다.”

그러나 두 시간짜리 러시 필름을 보고 미야자키는 절망했다.

“우리의 코난은 거기 없었다. 싸구려 슈퍼맨이 영웅 노릇을 하고, 포비는 날지 않았다. 인더스트리아는 침몰하지 않았다. 〈태양탑 부활 만만세〉란 엉터리 노래가 흘러나왔다.”

회사에서 자기들 입맛에 맞게 모조리 뜯어고친 것이다. 하지만 미야자키로서는 어쩔 도리가 없었다. 작품에 대한 권리는 미야자키가 아니라 회사가 가지고 있었다.

“영화관이 텅 비어서 빨리 상영이 끝났으면 좋겠다.”

미야자키는 일본 애니메이션 업계에 크게 실망했다. 아무리 회사가 저작권을 가졌다 해도, 작가의 정신이 깃든 작품에 멋대로 가위질을 한다는 것은 용납할 수 없다. 이 사건을 계기로 미야자키는 자신이 만들어 낸 모든 창작물에 대한 저작권을 관리해 주는 ‘니바리키[二馬力]’란 회사를 설립했다. 회사명은 미야자키가 몰고 다니던 차 이름에서 따왔다. 시트로앵 2CV. CV가 프랑스에서 마력을 뜻하니, 2CV는 곧 2마력을 뜻한다.

프랑스에서는 국민차라지만, 일본에서는 20만 엔에 팔리는 차였다. 월급 3만 엔으로 쩔쩔매던 그는 필사의 잔업에 시달리며 월급의 일곱 배에 달하는 차를 사들였다. 중고차라 걸핏하면 고장이 나서 애를 먹었지만 미야자키의 차에 대한 사랑은 남달랐다. 그의 애마는 미야자키의 첫 감독 데뷔작 〈루팡 3세: 카리오스트로 성〉의 첫 장면에서 등장한다. 검은 안경을 쓴 악당에게 쫓기는 클라리스가 탄 차로 깜짝 출연하는 것이다.

1979년 미야자키는 TV 시리즈 〈루팡 3세〉의 애니메이션 감독을 맡는다. 〈루팡 3세〉를 영화로 만든다는 것은 이미 결정되어 있었고, 미야자키는 내용을 구성하는 시점부터 참가했다. 루팡 시리즈 중 〈카리오스트로 백작 부인〉, 〈녹색 눈의 소녀〉를 골격으로 삼아 만들어졌다.

무대인 카리오스트로 공국은 유럽 내륙부 산맥 사이에 위치한 세계에서 가장 작은 나라로 인구가 3500명이다. 카지노에서 돈을 훔쳐 카리오스트로 공화국에 온 루팡 일행은 괴한들에게 쫓기는 소녀 클라리스를 구해 준다. 공화국의 왕녀인 클라리스는 왕위와 보물을 노려 자신과 결혼하려는 백작을 피해 달아나던 참이었다. 루팡은 소녀를 구하려고 카리오스트로 성에 숨어들고, 소녀를 구해낸 뒤 홀연히 사라진다.

미야자키는 루팡 3세라는 기존의 캐릭터에 자기 세계를 펼쳤다. 원작에서 루팡이 '고속도로 위의 스트라디바리우스'가 별명인 고급 자동차를 몰고 다닌다면, 미야자키의 루팡은 '새앙쥐'가 별명인 이탈리아 소형차를 타고 다닌다. 소형차는 고속도로를 달리는 대형 트럭 사이에서 활개치고 다닌다. 몸집이 작기에 더 자유자재로 움직인다. 원작의 루팡은 007 시리즈의 첩보원 본드와 닮았다. 고급스러운 물건을 좋아하고, 멋져 보이길 원한다. 하지만 미야자키의 루팡은 겉치레 따위에 구애받지 않는 자유인이다.

"값비싼 라이터를 폼 나게 내놓는 것이 아니라, 라이터는 불이 붙기만 하면 싸구려라도 상관없다는 남자. 루팡은 그런 남자였으면 좋겠다."

그때에야 미야자키는 나름대로 루팡이란 남자를 알게 된 듯한 기분이 들었다고 한다. 루팡은 멋지기보다는 익살스럽다. 자꾸 미끄러지거나 넘어져서 웃음을 불러일으킨다.

"웃음은 루팡의 빛에 해당하는 부분이다. 그 빛을 지탱하는 그림자, 즉 진심이 보일 때 루팡은 매력적인 인물이 된다."

루팡은 총을 빼 들지만 절대 쏘지 않는다. 원작에서 루팡이 애용하는 '발터'는 독일제 권총이다. 미야자키는 전쟁에서 쓰였던 독일제 권총으로 누군가를 쏘게 만들고 싶진 않았다고 한다. 원작자 몽키 펀치가 "컵라면이 잘 어울리는 루팡이 돼 버렸다"고 당혹해할 만큼 미야자키의 강한 개성은 작품 세계를 아예 바꿔 버렸다.

1979년 〈루팡 3세: 카리오스트로 성〉이 개봉되었다. TV 시리즈에서 나오던 루팡을 기대하고 관객들이 몰려들었다. 영화가 끝나자 루팡 팬들은 "이건 루팡이 아니라 미야자키식 루팡이다!"라고 맹렬히 항의했다. 흥행에도 참패했다. 전년도 극장판 〈루팡 3세: 마모와의 대결〉의 150만 명을 크게 밑도는 57만 명의 관객만이 영화를 보러 왔다.

그렇지만 상업용 애니메이션이 받기 어려운 마이니치 영화 콩쿠르에서 대상을 차지해 작품성은 인정받았다. 스무 군데가 넘는 대학에서 축제 때 상영된 덕분에 미야자키는 화제의 인물로 선정되어 인터뷰까지 한다.

하지만 흥행 실패는 뼈아픈 결과로 이어졌다.

〈태양의 왕자 호루스의 대모험〉 이후로 연이어 흥행에 실패하자, 애니메이션 업계에서는 "미야자키 작품은 히트하지 못한다"는 소문이 돌았다. 게다가 첫 번째 장편 애니메이션 작품마저 빛을 못 보자 미야자키는 실의에 빠졌다. 계속 앞만 보고 달렸던 미야자키는 3년간의 공백 기간을 갖게 된다.

일을 하지 않는 동안 미야자키는 집에서 그림을 그렸다. 일에 쫓기며 살던 시간에서 벗어나 상상력을 펼쳐 좋아하는 만화를 마음껏 그리자고 마음먹었다. 이때 그렸던 그림들은 〈이웃집 토토로〉, 〈원령 공주〉 등 그의 대표작의 이미지로 사용되었다.

애니메이션에 대한 열의가 식은 것은 아니었다. 미야자키는 잡지사 아니메쥬(Animage)에 작품 기획안을 들고 갔다. 『아니메쥬』는 1978년에 창간한 일본 최초의 애니메이션 전문지로, 잡지 이름인 Animage는 animation과 image의 합성어다. 이 잡지의 편집장 스즈키 도시오는 나중에 지브리 스튜디오의 프로듀서로 일하게 된다.

잡지 편집진은 모기업인 도쿠마 서점에 기획안을 들고 갔다. 모두 거절당하지만, 나중에 로봇이 관리하는 하늘에 떠 있는 섬 이야기는 〈천공의 성 라퓨타〉로 만들어졌다. 다른 기획안인 〈바람계곡의 나우시카〉는 참신한 아이디어로 호평을 받았다.

"이걸 영화가 아니라 만화로 만들면 어떻겠어요?"

편집장의 제안에 미야자키는 자신의 오랜 꿈을 떠올렸다. 학창 시절부터 만화가가 되고 싶었다. 하지만 한 편도 출판하지 못했다. 회사에 다닐 때 한 편이 잡지에 실리긴 했다. 1969년 노동조합의 의뢰를 받아 〈사막의 주민〉을 주간 『소년 소녀 신문』에 연재했다. 중앙아시아를 무대로 잔인무도한 강대국에 맞선 소수 민족의 항쟁을 펼친 작품이었다.

연재가 쉽지만은 않았다. 가난한 신혼살림을 꾸려가며, 빡빡한 직장 생활을 하며 6개월 동안 스토리 작업을 이어 갔다. 아르바이트를 하는 걸 회사에서 알면 곤란했다. 미야자키는 '아키츠 사부로' 란 이름을 지어 냈다. 직장 근처의 지하철역인 아키츠 역에서 따온 필명이었다.

"예, 이걸 만화로 그려 보겠습니다."

1982년 미야자키는 두 번째 장편 만화를 연재하기로 결심한다.

『바람계곡의 나우시카』는 용감하고 아름다운 한 소녀가 전쟁 통에서 백성을 구하기 위해 투쟁하는 이야기다. 왜 소녀를 주인공으로 삼았는가란 질문에 미야자키는 이렇게 답했다.

"나우시카는 적을 물리치는 인물이 아니라 상대방을 이해하고 받아들이는 역할이기 때문입니다. 그런 캐릭터라면 남성보다는 여성이 더 어울리죠. 남성이 주인공인 모험담을 보세요. 누가 봐도 악한 세력과 무작정 맞서기만 합니다. 해피엔딩으로 끝난다고 해도 당장의 위협을 물리치는 것뿐입니다. 그다음에는 또 무작정 싸우겠죠. 문제의 해결에 집중하기보다는 어떤 문제에도 강인하게 맞설 수 있는 주인공을 보여주고 싶었습니다. 중요한 건 마음가짐이죠."

나우시카란 이름은 트로이 전쟁의 영웅 오디세우스를 돌보는 공주에서 따왔다. 오디세우스가 해안에 나타나자 모두들 도망치지만, 나우시카는 혼자서 오디세우스를 정성스럽게 돌본다. 여기에 미야자키가 어릴 때 읽었던 이야기가 더해진다. '벌레를 사랑하는 귀족의 딸' 그녀는 나이가 들어도 들판을 뛰어다니고 애벌레가 나비로 변신하는 것에 감동하는 등의 행동으로 별난 사람으로 취급당한다. 또래 처녀들은 풍습에 따라 눈썹을 밀고 이를 까맣게 물들이지만 그녀는 새하얀 이와 검은 눈썹을 내버려 두어 우스갯거리가 된다.

어린 시절 그 이야기를 읽었을 때 미야자키는 귀족의 딸을 걱정했다고 한다.

"사회에 묶이지 않고 자기 감정대로 산과 들을 뛰어다니며 풀과 나무와 흐르는 구름에 마음을 주었던 그 처녀는 이후 어떻게 살아갈까……. 오늘날이면 그녀를 이해하고 사랑하는 사람도 존재하겠지만, 관습과 금기에 얽매여 있던 옛날에 그녀는 어떤 운명에 처할까."

미야자키는 자기처럼 곤충을 좋아하는 귀족의 딸이 자유롭게 살기를 바랐다. 그 꿈은 나우시카에서 이뤄진다. 곤충과 이야기를 나누는 나우시카는 바람을 타고 난다. 방독 마스크를 쓰고 소형 엔진을 탑재한 경량 비행기 메베를 몰고 다니며 부해(腐海)를 여행한다. 나우시카와 '바람'이 연결된 것은 '바람의 흐름을 읽는 특수한 능력을 지녔다면?'이란 발상을 하면서부터였다. 중세 유럽 때 바람을 이용해 풍차나 돛단배를 움직이자 당시 사람들이 마치 마법처럼 생각했다는 기록을 보고 아이디어를 얻었다고 한다. 나우시카는 족장의 딸이지만 야산을 자유롭게 달리고는 자부심 있는 소녀다. 그녀는 부해의 독에 오염되어 신체가 돌처럼 굳어 가서 성에서 추방된 노인들의 손을 근면한 사람의 손이라 잡아 주고, 부해의 곤충들도 적이 아니라 친구처럼 여긴다.

『바람계곡의 나우시카』에는 환경에 대한 관심이 적극적으로 반영되었다. 1932년부터 일본 미나마타 현의 신일본질소공장에서 수은이 포함된 폐수를 바다에 흘려보냈다. 1956년 수은 중독으로 물고기들이 죽어 나갔다. 거기서 잡은 물고기들은 아무도 먹지 않았고 사람들은 고기잡이를 그만둬야 했다.

“죽은 물고기 떼가 항구를 덮은 뉴스를 보고 나는 등골이 오싹했다.”

수은에 중독된 물고기를 먹은 사람들도 미나마타병으로 신음했다. 이 병을 안고 태어난 아이는 볼 수도 들을 수도 없다. 말도 못하고 손으로 아무것도 쥘 수 없다. 목을 가누지도 못하고 걷지도 못한다. 병상에서 발작을 일으키다 죽음에 이르게 되는 것이다. 처음엔 그 지방에서만 유행하는 풍토병으로 여겨져 주민들은 차별까지 당했다. 1968년에야 정부는 수은 중독과 공장 폐수의 관계를 인정했고, 1987년 법원에서 국가와 지방정부의 책임을 물었고, 2004년이 되어서야 대법원에서 정부가 책임져야 한다는 판결이 내려졌다.

2006년에 세워진 위령비에는 미나마타병으로 죽은 314명의 이름이 새겨져 있다. 인간은 자연을 오염시키고, 자연은 인간에게 그 값을 치르게 한다. 그런 일만큼은 막아야 한다.

『바람계곡의 나우시카』에는 썩은 바다란 의미의 부해란 숲이 등장한다. 그 숲에는 독기를 품은 포자들이 날리고 커다란 곤충들이 산다. 부해에서 인간은 마스크를 쓰지 않으면 5분이 안 되어 폐가 썩어 죽어 버린다.

자연에 관심을 기울인 다른 작가들의 작품들도 영향을 주었다. 1980년 초반 일하러 미국에 갔다가, 미야자키는 프레더릭 백의 작품 〈크랙!〉을 보게 된다. ‘크랙’은 나무 의자가 부서질 때 나는 소리. 젊은 목수가 아내에게 결혼 선물로 준 흔들의자가 주인공이다. 두 사람은 결혼하고, 태어난 아이들은 의자를 타고 놀고 장난치다가 어른이 되고, 목수의 집에서 사람들과 희로애락을 나누던 의자는 버려져 미술관 공사 현장에까지 온다. 미술관 경비 아저씨가 구해 낸 의자는 관람객들의 휴식을 위한 친구가 되고, 의자는 지난 추억을 회상하며 즐겁게 살아간다는 이야기다. 나무로 만들어진 물건이 인간과 어떻게 교감하는지를 잔잔하게 그려 낸 작품이었다.

"우리는 저런 애니메이션을 만드는 게 불가능해"

미야자키는 함께 영화를 본 다카하다에게 한탄했다. 프레더릭 백의 대표작은 1987년에 개봉한 〈나무를 심는 사람〉이다. 프로방스 지방의 어느 고원 지대, 사람들이 나무를 마구 베어 낸 버림받은 땅엔 바람만 불어 댄다. 이 황량한 땅에서 한 양치기가 매일 나무를 심고 가꾼다. 그의 외롭고 헌신적인 노력으로 숲은 다시 살아나고 맑은 강물이 흐르며 새들이 지저귄다. 이 작품으로 나무를 심는 운동이 펼쳐져 캐나다 전역에 5000만 그루의 나무가 심어졌다고 한다. 프레더릭 벡은 30분짜리 작품을 5년 동안 만들었다. 조수 한 명과 수만 장의 그림을 손수 그렸다고 한다. 전작인 〈크랙!〉 작업을 하다가 눈에 수정액이 튀어 시력이 나빠졌고, 스트레스까지 더해져 프레더릭 백은 이 작업 도중 결국 한쪽 눈의 시력을 잃었지만 끝까지 펜을 놓지 않았다.

작품에 나타난 자연의 소중함이란 메시지, 작가로서 프레더릭 백의 애니메이션에 대한 열정이 미야자키를 감동시켰다. 환경 보호, 문명 비판, 전쟁의 비극과 허무함 등의 메시지를 전달한다는 점에서 두 작가는 닮은꼴이다.

만화『바람계곡의 나우시카』는 1982년부터 1994년까지 12년간 연재되었다. 만화이지만 애니메이션을 그대로 종이에 옮긴 것 같았다. 정지된 그림이 아니라 애니메이션을 보듯 장면 설정과 액션이 실감 나게 펼쳐졌다. 미야자키는 영상의 장점인 입체성을 평면인 만화 용지에 활용했던 것이다.

『바람계곡의 나우시카』는 이색적인 소재와 독특한 그림 스타일로 대단한 주목을 받았다. 이 작품은 영어판으로 발매되어 초판부터 수천 부씩 팔렸다. 흑백 만화가 이만큼 히트한 적은 역사상 처음이었다.

나우시카와 지브리 스튜디오

"이 만화를 영화로 만들어 주세요!"

『바람계곡의 나우시카』에 반한 팬들의 요청이 빗발쳤다.

잡지 『아니메쥬』를 만든 도쿠마 서점은 미야자키에게 『바람계곡의 나우시카』의 영화화를 제안했다. 미야자키에게는 선택의 여지가 없었다. 일거리가 없어서 집에만 틀어박혀 있던 처지였다. 실업상태가 이어지자 살림도 곤궁했다. 미야자키는 이 만화를 영화로 만들 생각이 별로 없었다. 하지만 이 기회를 놓치면 영화를 만들 기회가 영영 오지 않을 것 같았다.

"영화화할 다른 작품이 없었다. 당시 기회라곤 도쿠마 서점이 〈바람계곡의 나우시카〉를 만들라고 한 것, 그것밖에 없었죠. 이것만

할 수 있다면, 할 수밖에는 없다고 판단한 것입니다. 그때는 확신 같은 게 없었어요."

제작 일정은 빡빡했다. 9개월간 100만 달러의 예산으로 만들어야 했다. 게다가 도쿠마 서점은 출판사여서 애니메이션 제작 시스템도 스튜디오도 전혀 갖추고 있지 않았다. 위험 요소가 널렸다. 미야자키란 이름은 알려지지 않았고, 작업을 지휘할 미야자키를 제외하고는 스텝도 없었다. 미야자키는 다카하다에게 도움을 청했다. 미야자키는 도에이 시절부터 함께한 다카하다의 끈기, 결단력, 문제 해결 능력을 믿었다.

하지만 다카하다는 선뜻 대답하지 않았다. 미야자키는 다카하다가 내켜하지 않는다고 생각했다. 어느 날 다카하다가 공책 한 권을 내밀었다.

"이게 뭐야?"

"내 생각을 좀 정리해 봤네."

그동안 다카하다는 자기 생각을 한 권의 공책에 빡빡이 정리한 것이다. 제안을 선뜻 받아들이지 못한 건 다카하다가 연출가이기 때문이었다. 연출가로서 다른 연출가의 작업을 돕는 건 쉬운 일이 아니었다. 배에 선장이 둘이면 싸울 수밖에 없다. 만일 두 사람의 의견이 틀어진다면 작품은 산으로 가 버린다. 둘은 서로의 작업에는 절대 관여하지 않는다는 '무간섭주의'로 충돌을 피했다. 이런 원칙은 다음 작업에서도 계속 이어진다.

〈바람계곡의 나우시카〉는 애니메이션 업계 최초로 제작 위원회를 운영했다. 애니메이션은 제작비가 막대하다. 자칫 흥행에 실패하면 빚을 지거나 막대한 재고품까지 끌어안아야 한다. 이런 위험에 대비하기 위해 여러 사람과 기업의 손을 빌렸다. 위험은 나눌 때 가벼워진다. 프로듀서는 다카하다, 제작 프로덕션은 '탑 크래프트', 제작은 도쿠마 서점과 미야자키의 막내 동생이 일하는 광고대행사로 일을 나눴다. 다카하다는 자신의 생각을 「극장용 애니메이션 〈바람계곡의 나우시카〉 내용과 스토리에 대한 정리」란 기획서로 정리했다. "생태학적인 테마를 전면에 내세운 현대성, 환경 오염, 자연 파괴, 에너지 소비 등 현대 사회의 심각한 문제와의 정면 대응이라는 화제성이 풍부하여 관객층이 확대될 것"이라고 예측했다. 멍석이 깔렸으니 작품을 만드는 일만 남았다.

그때까지 완성된 16부작의 만화를 원작으로 영화화를 시작했다. 미야자키는 만화와는 독립된 영화를 만들고 싶었다. 만화와 영화는 매체의 성격이 다르다. 장편 만화의 경우 풍부한 캐릭터와 스토리가 구사되고 대사도 얼마든지 넣을 수 있다. 하지만 영화는 시간이 제한된다. 많은 걸 삭제하고 꼭 필요한 것만 추려 내야 했다.

'어떻게 영화로 완성도 있고 완결된 이야기를 만들지?'

만화에 담겼던 방대한 내용이 두 시간 남짓의 영화로 바뀌기 위해 간추려졌다.

불의 7일로 거대 문명은 파멸한다. 대지는 곰팡이 포자를 피워 올리고 곤충들이 들끓는 썩은 바다, 부해가 독가스를 품어 낸다. 사람들은 부해를 태우려고 시도하지만 그때마다 부해의 주인인 오무*무리가 몰려든다. 애벌레와 쥐며느리를 합체한 것 같은 오무는 다리를 꿈틀거리고 연체동물처럼 촉수를 한들거리며 화가 나면 눈이 루비처럼 빛을 낸다. 이 작품의 성우는 "이 작품은 벌레가 주인공인 것 같았다"라고 말하기도 했다. 모든 것을 파괴하고 폭주하는 오무들이 굶주림으로 목숨이 다하면 그 시체에서 포자가 자라 부해는 점점 더 넓어진다. 폐허와 같은 부해의 반대편에 바람계곡이 있다. 바다로부터 불어오는 바람 덕에 간신히 유독 가스에서 벗어난 바람계곡에는 500명도 안 되는 사람들이 농사를 지으며 살고 있다.

프로듀서 다카하다는 "낯선 세계라지만, 일상적인 부분이 빠져 있어 실감이 나지 않는다"라고 조언했다. 미야자키는 영화의 초반 20분을 할애하여 바람계곡 사람들의 일상을 그려 냈다. 독성을 품은 공기로부터 자신을 보호하면서 살아가는 바람계곡 사람들의 하루하루가 담겼다.

---

* worm의 일본식 발음.

어느 날 밤, 검은 구름 속에서 무수한 곤충이 들러붙은 운송함이 추락했다. 나우시카는 운송함을 부해 밖으로 유도하지만 운송함에 갇혀 있던 페지테의 공주는 나우시카의 간호를 받다 숨을 거둔다. 운송함의 주인인 토르메키아의 공주 크샤나는 바람계곡에 쳐들어 오고, 나우시카의 아버지가 숨을 거둔다. 아버지의 죽음에 분노한 나우시카는 토르메키아의 병사를 죽이지만, 스승 유파의 설득에 결국 항복한다. 마을 사람들의 목숨부터 구해야 했다.

이 작품에서 크샤나는 나우시카와 반대편에 선 악역으로 등장한 다. 보통 애니메이션에서 악역은 그저 나쁜 인간이다. 시작부터 끝 까지 몹쓸 인간으로만 등장한다. 하지만 미야자키는 악역을 만들 면서 이런저런 고민을 했다.

'악역이란 무엇일까? 현대에 맞은 악역은 어떤 것일까? 진정한 악역이 있는가?'

이런 고민 끝에 크샤나는 악역답지 않은 악역으로 탄생한다. 크 샤나가 왜 그럴 수밖에 없었는지를 보여 주는 것이다. 크샤나의 어 머니는 토르메키아 선왕이 죽은 뒤 남겨진 자식이었다. 어머니는 크샤나의 할아버지인 부왕의 독약 때문에 미쳐 버렸다. 이런 어머 니를 고향에 남겨 두고, 크샤나는 계모와 의붓형제의 미움을 받으 면 전쟁터를 떠돈다. 그녀는 훌륭한 지휘관으로 성장한다. 이겨야 만 살 수 있다. 승리해야만 나란 존재가 인정받을 수 있다. 하지만 작품의 마지막에서 어머니의 원수라고 증오했던 오빠가 허무하게 죽어 버리자, 크샤나는 증오와 죽음의 허망함을 알게 된다.

〈바람계곡의 나우시카〉는 페지테와 토르메키아, 두 나라의 전쟁 이야기다. 크샤나가 페지테를 공격한 건 거신병 때문이었다. 유전자 공학과 기계 공학의 융합으로 탄생된 거신병은 불의 7일 동안 세계를 멸망시킨 최종 병기였다. 토르메키아는 페지테에서 발견된 거신병의 알을 뺏으려 한다. 토르메키아는 거신병을 이용해 세계를 정복하려 들고, 페지테는 거신병을 이용해 부해를 불태우고자 한다.

두 나라 모두 거신병이란 무기를 자신들의 뜻대로 사용하려 든다. 하지만 나우시카는 입장이 다르다. 나우시카는 식물이 살아 있는 독성 제거 필터이며 토양과 물을 정화한다는 걸 안다. 부해의 밑바닥에는 깨끗한 호수가 있어서 언젠가 세상이 정화될 거라고 믿는다. 깨끗한 물과 땅에서는 부해의 나무들도 독을 뿜지 않는다. 부해의 나무들은 대지의 독을 빨아들여 깨끗한 결정체로 만든 후 죽어서 모래가 되고, 곤충들은 그 숲을 지키고 있는 것이다. 부해를 불태워 버리는 것이 답이 아니다. 자연의 정화 능력을 믿고 기다려 주는 것이 해결책이다.

페지테는 토르메키아를 무너뜨리기 위해, 상처 입은 유충 때문에 화가 난 오무 무리를 바람계곡으로 끌어들인다. 이에 맞서 크샤나는 거신병을 깨어나게 하지만, 너무 빨리 부화된 거신병은 곧 죽어 버리고 만다. 나우시카는 유충을 구해 바람계곡으로 폭주해 가는 오무 무리를 막고 그들에게 부딪쳐 허공으로 튀어 오른다. 모두들 그녀가 죽었다고 생각한 순간 기적이 일어난다. 무수한 오무에게서 뻗어 나온 촉수가 나우시카를 들어 올리고 소생시킨다. 촉수는 아침 햇살에 금빛으로 빛나고, 오무의 체액으로 푸르게 물든 옷을 입은 나우시카는 마치 황금빛 초원을 걷는 것처럼 보인다.

바람계곡에는 오래전부터 이런 전설이 전해져 내려왔다.

'그 사람, 푸른 옷을 입고 황금의 들판으로 내려올 것이다.'

전설은 나우시카에 의해 실현된다. 크샤나는 병사를 철수시키고, 바람계곡에는 평화가 돌아온다. 사람들은 새로 우물을 파고 묘목을 심는다. 부해의 밑바닥에 떨어진 나우시카의 헬멧 곁에는 어린 나무 싹이 자라나고 있다.

하지만 어떤 사람들이 나우시카가 자신의 희생으로 바람계곡을 재앙에서 구하는 결말을 보고 구세주 전설 같다고 했다. 미야자키는 이렇게 말한다.

"무언가 중요한 것을 빠뜨린 채 겉모습뿐인 크리스마스의 기적 같은 영화 같은 것을 만들어 버린 것은 아닐까, 꺼림칙하기도 했죠. 100%는 아니지만요. 구세주라는 단어도 사용한 기억이 없기 때문에 끝난 뒤 그녀가 구세주 같은 것으로 비쳐졌나, 라고 의문스러웠죠. 만화 속에서는 구세주가 아니라고 말하고 싶었던 것이 분명합니다."

덧붙여 미야자키 하야오는 말한다.

"푸른 청정의 땅이 예정되어 있기 때문에 살아갈 수 있다든가, 최후의 심판이라든가 윤회 등의 여러 가지가 프로그램 되어 있기 때문에 살아갈 수 있다든가, 또는 결말을 모르기 때문에 살아갈 수 있다든가 하는 건 아니지 않을까요. 살아간다는 것과 이해한다는 것은 다른 문제겠죠. 나우시카는 이해하려 하고 문제의 원인을 밝혀 내려 하지 않고, 마지막까지 지키려는 의지를 강하게 가졌어요. 그녀를 지탱하고 있는 것은 그 의지뿐만 아니라 무언가를 감지하는 능력이지요. 살아가는 것의 의미를 직감하는 힘이라고 할까, 그것이 그녀가 사는 데 열중하는 까닭일 것입니다."

어린아이들은 생을 이해하지는 못한다. 하지만 본능적으로 생의 즐거움을 찾아낸다. 모래밭에서, 나뭇잎에서, 작은 돌멩이에서.

"벌레나 새가 세상을 한탄하는가. 최후의 순간까지 최선으로 자기 삶을 마칠 뿐이다."

클라이맥스 장면에서 나우시카가 아득한 옛날에 들었던 어린아이의 노랫소리가 흘러나온다.

〈바람계곡의 나우시카〉는 5분짜리 프로모션 필름에서 70분 분량의 비디오 애니메이션을 거쳐, 극장용 장편 애니메이션으로 만들어져 1984년 3월 21일 공개되었다. 봄 연휴 기간에 함께 개봉한 애니메이션들에 비해 특별히 눈에 띄는 작품은 아니었다. 같이 개봉한 다른 〈소녀 케이야〉의 포스터가 주로 붙었고, 〈바람계곡의 나우시카〉 포스터는 단 몇 장만 눈에 띄었다. 하지만 막상 개봉하니 첫날에만 2만 명이 찾아왔고, 상영관은 점점 늘어나 마침내 총 91만 5000명의 관객을 동원하는 히트를 쳤다. 영화 잡지 『키네마 준포』의 연간 베스트 10 중 7위에 랭크된다.

공개 당시 사람들의 마음을 사로잡았던 건 작품의 영웅이 남성이 아닌 여성이라는 점이었다.

〈미래 소년 코난〉이나 〈루팡 3세: 카리오스트로의 성〉에서는 강한 의지의 남자 주인공이 여주인공을 감싸 주었다. 하지만 나우시카는 스스로 뛰어다니고 날아다니며 사람들과 곤충들을 구해 냈다. 바람계곡이라고 하는 이상적인 공간과 여성의 힘이 세계를 구한다. 말하자면 남성 원리에 의해 발생되는 생태계의 파괴에 어떻게 대응해야 하는가라는 현대적 테마에 결부되어 있는 것이다.

─『아사히 신문』1984년 4월 7일

미야자키는 『주간 소녀 매거진』에 「왜 나는 소녀를 주인공으로 했는가」라는 제목으로 이렇게 썼다.

현재의 남성은 활력이 없습니다. 남성이 총을 쏜다 해도 어찌할 방법이 없으니 기계적으로 쏜다는 느낌일 뿐이고요……. 좋지 않습니다.

이제까지 영화나 애니메이션의 남성 주인공들에게는 자발적인 의지가 없었다. 형사니까 범인을 쫓고, 로봇 조종사니까 로봇에 올라타고, 스파이니까 출동하는 식이다. 자기 직업에 따라 명령에 의해 움직였다. 하지만 나우시카는 다르다. 과학자 모리오카 마사히로는 「남성이 세계를 구원할 수 있을까」란 글에서 나우시카를 예로 든다.

나우시카를 보세요. 그녀는 자신의 의지와 판단력으로 행동하고 자립한 소녀입니다. 위기가 닥치면 용감하게 싸우는 전사입니다.

미야자키는 애니메이션 기술은 결코 문명 예찬이나 개인의 출세욕에 봉사해서는 안 된다고 주장한다. 애니메이션은 함께 만드는 것이다. 〈바람계곡의 나우시카〉가 공개되고 얼마 후 미야자키에게 영화상이 수여되었다. 그는 자신의 사진이 아니라 스태프 전체와 찍은 사진을 올려 달라고 부탁했다. 이 작품은 한 사람이 아니라 우리 모두의 것이란 생각에서였다.

〈바람계곡의 나우시카〉는 미국에서 〈바람의 전사〉라는 제목으로 선보였다. 하지만 미국 개봉작은 원작과는 사뭇 달랐다. 액션과 모험만 강조되고 나머지 부분은 뭉텅 잘려 나갔다. 초반부의 작품 배경인 세계에 대한 설명과 등장인물을 보여 주는 부분 등 30분가량이 삭제되었다. 어처구니없는 편집으로 작품은 엉망진창이 되었다. 다카하다는 "완전히 엉망이었습니다. 히사이시 조의 음악도 잘리고 대사도 바뀌었습니다. 그 뒤로 우리는 외국에의 방송 판권 판매를 중단했어요. 사전에 철저히 검사하지 않는 한 앞으로 판매를 재개하지 않을 겁니다. 저희 작품은 모두 일본의 문화적 배경을 바탕에 깔고 있고 수출용으로 만든 것이 아닙니다. 그런 작품을 자기 나라 잣대로 편집해 버리는 것은 사람을 속이는 것보다 더 나쁜 일입니다."

이 일로 미야자키와 다카하다는 10년간 서구 시장에 작품을 배급하는 것을 주저하게 된다. 미야자키는 조잡한 수정본이 배급된 이 사건을 계기로 자신의 작품들이 순수하고 분명하게 관객에게 전달되기 위해서는 더빙과 편집 과정까지 감독이 관리해야 한다고 마음먹는다.

이런 결심에서 '지브리 스튜디오'가 탄생했다. 미야자키 하야오와 다카하다 이사오 두 사람이 함께 극장용 애니메이션을 만들어 가는 제작소였다. '지브리(GHIBLI)'는 사하라 사막에 부는 열풍이란 뜻으로, 제2차 세계 대전 중 이탈리아 정찰 전투기의 이름이기도 했다. 이름을 붙인 미야자키의 뜻은 이랬다.

'일본 애니메이션에 돌풍을 일으키자!'

돼지와 나무늘보

"그럼 영화라도 보고 올까?"

〈바람계곡의 나우시카〉 연재 중에 매일 마감에 쫓기면서도 미야자키는 영화관을 들락거렸다.

"중간부터 봐도 상관없다."

"보다가 재미없으면 뛰쳐나온다."

하루에 두세 편을 연거푸 봤다. 상상력을 자극하고 싶어서였다. 머릿속에 떠오르는 아이디어들을 끄집어내자고 영화를 본다. 불이 타오르기 위해서 불꽃이 필요하듯. TV다큐멘터리를 반복해서 보면서 투덜거리는 경우도 있다. 작품을 만들면서 혼잣말도 한다.

"도대체 무슨 비행기를 타야 하나?"

"세스나기 어때?"

"예전에 써먹지 않았나?"

"그렇군. 그럼 뭐가 좋을까?"

미야자키가 묻고, 미야자키가 대답한다. 곁에 있는 사람들은 당황하지만, 미야자키에게 자문자답은 두뇌를 풀기 위한 유연 체조였다. 생각하는 것이 그대로 얼굴에 드러났다. 못마땅하면 뚱한 표정을 짓고, 마음에 들면 헤실헤실 웃었다.

미야자키는 격하고 정열적이고, 들떠서 떠들어 대고, 사람을 좋아하고, 사람의 재능을 지나치게 기대하고, 실망하고 시무룩해하고, 분노하고, 걱정하고 애태우고, 인간사에 거리를 두거나 재빨리 단념하다가 다시 믿어 주곤 한다.

"말도 안 돼! 그걸 지금…… 정신이 나갔구먼! 완전히!"

미야자키는 흥분도 잘했다. 가끔은 욕도 했고 펄펄 뛰기도 했다. 누군가를 미워해서가 아니다. 화를 내는 건, 자기 안에서도 같은 걸 발견해서다. 그러니 질겁하고 더 펄펄 뛰는 것이다. 조금 뒤엔 사과하고, 신속히 받아들이며 마음을 다스린다. 남들의 행동도 자기가 한 것처럼 겸연쩍어한다. 다른 사람의 이상한 만화나 영화 주인공의 어쭙잖은 행동을 보면 자기가 그런 것처럼 부끄러워한다. 외국에 나가면 일본을 짊어지고 나온 것처럼 마음을 졸인다.

"그런 행동을 하면 일본인을 한심하게 보지 않겠나?"

"조용조용히 좀 다니게. 이 호텔을 우리가 세놓은 것도 아니지 않는가?"

동행한 사람들이 남부끄러운 행동을 하면 잔소리를 해댄다. 하지만 남들의 실수를 보고 웃는 사람들을 보면 분개한다.

단짝인 다카하다의 말에 따르면, 미야자키는 흥분을 잘해 다혈질 같지만 실은 수줍음을 탄다고 한다. 누군가 "선생님"이라고 부르면 질색한다. 일일이 붙잡고서 "제발 선생님이라고 부르지 말라"고 호소한다.

미야자키는 뭐든 그리길 원하고, 그릴 만하다고 생각하면 반드시 그려야 한다는 본인의 열렬한 욕망을 끄집어낸다. 미소녀나 괴물에까지 자기 혼을 불어넣는다. 콘티를 그리면서 종이에 뚝뚝, 눈물을 떨어뜨린다. 그가 창조한 캐릭터가 가진 놀라운 현실감은 냉철한 관찰의 결과물이 아니다. 활활 타오르는 불꽃에 가깝다. 자신이 만든 캐릭터에 빠져들고, 그 캐릭터가 무슨 생각을 하는지, 어떤 매력을 가졌는지를 끌어낸다. 인물을 깊이 생각하지 않고 마구잡이로 그리는 걸 경계한다.

누군가에 대해 깊이 알게 되면 무작정 미워하기 힘들다. 미야자키 작품에는 철두철미한 악인은 등장하지 않는다. 악인에게도 나름의 사정은 있고, 그 사정을 보여 줌으로써 악이 자라나는 근원이 무엇인지를 탐구한다. 사람은 복잡한 존재다. 미야자키도 마찬가지다. 미야자키의 내면에는 수시로 바뀌는 감정들과 이를 누르려는 절제력, 강한 자기중심주의와 타인에 대한 관심, 왕성한 상상력과 정의감, 결벽주의와 풍부한 표현력이 뒤엉켜 있다. 일종의 뒤죽박죽 별장이다. 복잡하고 매력적인 성격이 작품 속 인물들을 생생하게 만든다. 인간은 한마디로 정의가 안 되는, 사랑스럽게 복잡한 존재다.

미야자키는 대체로 시나리오를 쓰고, 그림 콘티를 정하고, 끝난 레이아웃을 다시 전부 살펴보고, 원화에 연기를 붙이고, 수정한 것을 체크하고, 방침을 정하는 것까지 전부 혼자서 한다. 보통 단편 애니메이션은 혼자서 만드는 게 가능하다. 하지만 미야자키는 혼자서 장편 애니메이션을 책임진다. 구석구석 미야자키 하야오의 손길이 들어간 개인 작품을, 넓은 작업실에서 스태프들이 거든다고 할 수도 있다.

"엄청난 에너지가 필요해요. 따르려는 사람들은 모두 좌절하죠. 각본과 그림 콘티까지는 그렇다고 해도 연출과 원화 수정까지 전부 한다는 것은, 미야자키 앞에 미야사키가 없고 미야자키 뒤에도 미야자키가 없는 형국이죠."

함께 일하는 동료는 혀를 내둘렀다.

"미야자키가 전력을 다해 일하기 때문에 다른 사람들도 일하지 않을 수 없게 되는 거죠. 화면을 보고 상태가 좋지 않으면 담당한 사람이 실수했다고밖에 볼 수 없으니까요.”

미야자키의 작업 방식은 누군가를 허탈하게 만든다. 나는 죽어도 저만큼은 못하겠다고 손들게 만든다. 반면 자신의 결점을 파악하고 좋은 경험을 할 수 있었던 기회라고 말하는 스태프도 있다.

“애니메이터를 하는 이상 반드시 미야자키 하야오의 작품에 참가해 볼 필요가 있죠.”

미야자키는 머리가 크다. 모자도 특대 사이즈만 썼다. 다혈질이니 여름에는 초강력 냉방을 해야 한다. 사무실 에어컨을 두고 여직원과 말다툼을 벌였다.

“온도를 높이든지, 10분만 끄면 안 되나요?”

여직원은 코를 훌쩍거렸다.

“더워, 더워.”

미야자키는 손사래를 쳤다.

“여긴 남극이 아니에요.”

“더워서 머리가 안 돌아가.”

TV시리즈를 만들면서 매일 밤을 새우던 미야자키가 벌떡 일어났다.

“이런 스튜디오는 불 질러 버리자!”

모두들 화들짝 놀랐다.

미야자키의 두뇌는 언제나 분주하게 돌아갔다. 어쩌다 시간 여유가 생기더라도 멍하니 휴식하는 법이 없다. 그에게 있어 휴식이란 바쁜 일에서 벗어나 다른 바쁜 일을 하는 것이다. 그가 창작자, 연출가, 작화가가 되는 동시에 스튜디오를 운영할 수 있는 건 이런 넘나듦 덕분이다.

오후 휴식 시간이면 회사 앞 정원에서 캐치볼을 한다. 휴식을 위해 시작한 건데 승부 근성에 휩싸인다. 전력을 다해 공을 던진다.

"미야자키와 캐치볼 하면 정말 피곤해."

공이 몇 번 오가면 상대는 녹초가 되어 버렸다. 놀자고 시작한 일을 죽자고 덤비니 상대가 당해 낼 재간이 없었다.

미야자키는 일을 다 마치고도 전기스탠드를 끄거나 카세트테이프를 멈추지 않는다.

"머지않아 돌아올 텐데."

다카하다는 "미야자키에게는 프로듀서가 필요 없다"고 말한다. 이 일 저 일 중구난방으로 하는 걸 보면 스케줄 따위는 염두에 두지 않는 것처럼 보인다.

하지만 자신의 일에 관해서는 철저했다. 날짜에 쫓기는 경우에 벌어질 대소동이나 최악의 사태를 생생하게 상상하기 때문이다. 마감 날짜를 어기면 지구 최후의 날을 상상한다. 스튜디오의 파국이 눈앞에 그려진다. 공포가 밀려드니 쉬질 못한다. 개봉 날짜를 못 맞췄을 때 사무실 풍경이라든가, 자기 영화를 보고 실망한 관객의 얼굴이 눈앞에 훤히 그려지니 부지런히 손을 놀릴 수밖에.

미야자키가 남을 걱정하고 도우려고 애쓰는 것도, 그의 상상력이 너무나 구체적으로 발동하여 그 인간의 장래가 영상으로 뇌리에 떠오르기 때문이다. 아, 저대로 내버려 두면 나중에 어떻게 되겠구나, 하고 너무나 생생하게 떠오르니 손놓고 있질 못했다. 의지가 약한 남자들을 보면 질색하고 나무라지만, 남이 힘들어하면 소매를 걷고 도와준다.

신입 사원 면접 때였다. 면접을 마친 사람에게 다음 지원자가 미야자키가 무슨 질문을 했냐고 물었다.

“미야자키 씨가 대부분 이야기했기 때문에 도움이 됐습니다. 여러 가지 충고해 주었습니다. 정말 좋은 분입니다.”

다카하다는 무척이나 열심히 일하는 미야자키와 달리 자신은 ‘나무늘보’ 같다고 말한다. 미야자키가 나뭇가지에 매달리고 싶어 하는 자신의 발가락을 억지로 떼어 주는 동료라고 고마워한다.

“젊은 시절 헌신적이고 사심 없는 그의 작업 태도를 날마다 접하지 않았다면 나는 어중간하고 타협적인 일밖에 하지 않았을지 모른다.”

맹렬한 노동력과 재능을 다해 그림을 그리는 미야자키를 보며 힘을 낸다. 미야자키 작품에서 나타나는 가공할 만한 긴장감과 박력이 나태한 자신을 질타하고 용기를 북돋워 작업에 몰두하게 해 준다는 것이다.

미야자키를 말할 때 다카하다를 빼놓을 순 없다. 1963년, 스물일곱 살의 다카하다는 스물세 살의 미야자키를 만났다. 〈태양의 왕자 호루스의 대모험〉에서부터 본격적으로 손발을 맞췄다. 그 작품을 만들면서 두 사람은 함께 일하는 것이 서로에게 얼마나 도움이 되는지를 알았다. 도에이를 떠나 A프로, 즈이요 영상으로 일자리를 옮길 때도 함께했다. 〈판다와 아기 판다〉, 〈알프스 소녀 하이디〉를 만들면서 일상생활의 모험을 발견하는 것이 중요하다는 생각을 공유했다. 함께 지브리 스튜디오를 만들었다.

지브리 스튜디오에서 두 사람은 번갈아 가며 작품을 만들었다. 둘은 각기 다른 세계를 지녔다. 미야자키가 감성과 그림의 힘을 중심에 둔다면, 다카하다는 이성적으로 작품으로 보고 비판적인 입장을 취한다. 서로의 세계가 다르니 마치 대화를 나누듯 작품을 만들어 내는 것이다. 미야자키가 작품을 만들면 다카하다가 그에 대해 비판하는 입장에서 작품을 만들고, 다음으로 미야자키가 다카하다의 작품에 다시 대답하는 방식으로 작품을 만들어 간다. 두 사람은 작품으로 이야기를 나누는 친구 사이였다.

이를테면 미야자키의 〈이웃집 토토로〉에 시대 상황이 거의 나타나지 않는다면, 다카하다의 〈추억은 방울방울〉은 과거의 풍경을 현재의 상황과 연결시킨다. 〈이웃집 토토로〉를 보고 다카하타는 질문한다.

"이 작품이 자연에 대한 관심을 갖게 만들었다는 점은 좋다. 그렇지만 너무 환상적이어서 현실에 대한 비판이나 현실을 바꾸려는 의지를 빼앗아 버리는 것이 아닌가."

〈헤이세이 너구리 대전쟁 폼포코〉는 신도시 개발에 대해 너구리들이 저항하는 이야기다. 토토로처럼 숲이 배경이지만 이야기는 영판 다르다. 도쿄 근방의 숲, 택지 개발이 시작되자 너구리들은 생존에 위협을 느끼고 둔갑술로 뉴타운 프로젝트를 저지하는 전쟁에 돌입한다. 과격한 너구리는 인간을 모두 죽여야 한다고 주장하지만, 대부분의 너구리는 인간들을 자신들의 터전에서 몰아내면 된다고 생각한다.

"인간들이 없으면 맥도날드 햄버거랑 켄터키 후라이드 치킨은 누가 만들어 줘."

환경 파괴를 막아야 하는 건 당연하다. 하지만 개발로 얻는 이익도 거부하지 못하겠다. 이런 너구리들을 통해 환경 문제에 대한 사람들의 다양한 태도를 보여 주는 것이다.

인간들과의 싸움에서 너구리들은 점점 밀려났다. 최후의 수단으로 유령 소동을 벌인다. 하지만 건설 회사에서는 이벤트 행사였다고 얼버무려 너구리들의 저항을 무력화시킨다. 마침내 너구리 별동대는 인간과 일전을 벌이고 전멸한다. 남은 너구리들은 인간으로 변해 살거나 쓰레기통과 하수구를 전전하게 된다. 환경 문제를 다루되 두 사람은 작품을 만들어 가는 방향은 서로 달랐다. 지브리 스튜디오의 프로듀서인 스즈키 토시오는 둘 사이를 이렇게 말한다.

"혹시 서로 미워하고 있는 건 아닐까라고 생각해 버리고 싶은 순간이 있을 만큼 애증이 교차하는 관계."

하지만 상반된 세계를 지닌 두 사람은 서로에게 힘이 되어 준다. 이야기를 나누듯 작품을 만들어 나갔다. 두 사람은 릴레이 주자가 바통을 주고받듯 서로 감독과 제작, 기획을 번갈아 맡아 걸작을 만들어 냈다. 지브리 스튜디오의 돼지와 나무늘보는 작품으로 이야기를 나누며 서로의 세계를 풍성하게 만들어 준다.

자신만의 작품 세계를 펼치다

천공의 성 라퓨타

'하늘에 성이 떠 있다.'

〈천공의 성 라퓨타〉는 그런 상상에서 출발했다. 〈바람계곡의 나우시카〉의 성공 이후 다음 작품으로 무엇을 만들까 의견이 분분했다.

'바람계곡의 나우시카 2'를 요구하는 목소리도 높았다. 고교생의 연애 이야기를 만들자는 의견도 있었다. 그래, 이번엔 사춘기 소년 소녀의 사랑 이야기를 만들어 보자. '물의 도시' 야나가와 시를 배경으로. 하지만 다카하다가 배경이 되는 도시를 조사하면서 이야기의 방향은 달라진다. 그는 공공 기관과 사람들이 하나가 되어 수로를 정화한 이야기에 감동받았다. 연애 이야기 대신 〈야나가와 수로 이야기〉란 다큐멘터리를 만들고 싶다는 의견을 내놓았다.

미야자키는 〈바람계곡의 나우시카〉에 힘을 보태 준 다카하다의 뜻을 존중하고 영화의 판권 수입을 다큐멘터리 제작에 지원했다. 미야자키는 환경 이야기는 다카하다에게 맡기고 이번엔 순수한 모험 활극을 만들기로 한다.

아이들이 보고 좋아할 만한 신나는 모험 이야기를 그리자.

미야자키는 애니메이션이 청소년이나 성인을 대상으로 하는 걸 염려했다. 아이들이 볼 만한 애니메이션은 점점 줄고 있었다. 이번 작품은 뇌세포가 성인과 같아지는 연령인 초등학교 4학년부터 중학교 1학년까지를 주요 관객으로 삼자.

프로듀서를 맡기로 한 다카하다도 찬성했다. 한 작품이 성공하면 다음 작품도 비슷하게 만들려고 한다. 성공했던 방식을 고집하게 마련이다. 환경에 대한 이야기를 다뤘다면, 이번엔 오락성 있는 대작을 만들어 보자. 전작보다 저예산의 영화를 만든다는 패턴에 빠지지 않으려고 제작 기간과 제작비도 늘렸다.

그런데 어떤 이야기를 만들 것인가?

미야자키는 『걸리버 여행기』의 3부에 등장하는 하늘에 떠 있는 섬 라퓨타를 떠올렸다.

그래, 사람들은 오래전부터 하늘을 날고 싶어 했다. 그런 소망으로 비행기를, 비행선을 만들었지. 과학 기술은 그런 인간의 갈망으로 발전했어. 천공의 성도 그런 과학 기술의 결정체가 아닐까.

신작의 윤곽이 잡혀 갔다.

"기계가 아직 기계의 즐거움을 지닌 시대, 과학이 반드시 인간을 불행하게 하는 것으로 결정되어 있지 않은 무렵, 언뜻 보면 서양풍이지만 도무지 어딘지 알 수 없는 나라."

기획 의도에 적은 배경 설명은 알쏭달쏭하기만 하다. 이런 배경을 구체화하려고 미야자키 감독과 스태프들은 영국 웨일스로 2주간 여행을 떠났다.

미야자키가 웨일스에 갔을 때는 광부들의 파업이 끝난 직후였다. 공동의 이익을 위해 끝까지 싸우는 사람들의 모습에서 미야자키는 큰 감동을 받았다. 거기서 얻은 자료들은 광산촌과 그곳 사람들의 생활을 묘사하는 데 쓰였다. 작품 속에는 가난하지만 따뜻한 마음을 가진 사람들의 공동체가 등장한다.

작품에 등장하는 캐릭터의 윤곽도 잡혀 갔다. 여주인공인 시타는 어릴 적부터 깊은 산에서 자라 겁이 없는 소녀, 원피스에 빨간 머리띠가 포인트다. 소박한 옷차림과 다부진 이미지는 보통 일본 애니메이션의 여자 주인공들과는 영판 다르다. 만화 속 다른 소녀들이 보석이 박힌 커다란 눈동자로 광채 뿜어 낸다면, 시타는 검은 눈동자의 평범한 소녀다. 하지만 시타는 라퓨타 황족의 후예로 본명은 '류시타 토에르 우르 라퓨타'다. 라퓨타 말로 우르는 '왕', 토에르는 '진짜'라는 의미로 '라퓨타 왕족의 진짜 계승자 류시타'라는 뜻이다.

시타의 본명은 작품에 등장하지 않는다. 사소하다고 그냥 지나칠 수도 있는 부분이다. 그런데 왜 이렇게 자세하게 본명까지 만들었던 걸까. 이러한 치밀함은 가상의 인물에게 생명력을 불어넣는 애니메이션에서는 중요한 역할을 한다. 시타란 이름은 수학 기호인 시타(θ)에서 따왔는데, 라퓨타 인이 과학과 수학에 능통했다는 배경 설명을 뒷받침한다.

이 작품의 악역은 무스카. 그는 라퓨타 담당 특별 편성군의 지휘관이며, 본명은 '무스카 파로 우르 라퓨타'이고 시타처럼 왕족이다. 사각형의 얼굴에 눈매는 가느스름하다. 깔끔한 외양과 탁월한 지성으로 못돼 먹은 심보를 가리려 한다.

마지막 장면에서 무스카는 한패인 사람들까지 섬 아래로 떨어뜨리고는 희희낙락한다.

"봐라! 사람이 쓰레기같이 보인다."

이 장면의 콘티에다 미야자키는 이렇게 메모해 뒀다.

"TV 게임에 정신이 없는 남자."

무스카 같은 인간에 대해 미야자키는 다음과 같이 말했다.

"결국 이런 스타일의 인간은 히틀러는 아니고, 그렇다고 엘리트도 아니죠. 예를 들어 그 나라가 전쟁으로 멸망하기 전에는 어떤 나라였는지 정확하게 알 수 없지만, 적어도 그 나라에서 그가 대재벌의 자식이라든가, 혹은 세간에서 주목받은 대예술가나 유명한 교수 집안에서 태어난 것은 아닌가 하는 느낌이에요. 그에겐 강한 콤플렉스가 있죠. 가난한 가정에 형제도 많아서 어린 나이에 가게를 돕기 위해 열심히 일해야 하는, 즉 일본식으로 말하면 아침에 신문을 배달하고 급히 학교에 가야 하는 모습을 떠올릴 수 있겠죠. 학교 성적은 나쁘지 않고, 물론 머리도 좋은 아이죠. 그냥 일상적인 발상을 해 본다면, 이런 일들이 쌓이다 크게 굴절돼서 열등의식과 연결된 형태로 된 것이 아닐까 생각해요."

'도라'라는 인상 깊은 캐릭터도 등장한다. 보통 해적 두목이라면 남자를 연상한다. 하지만 이 작품의 공중 해적 두목 도라는 여자다. 오른손엔 총, 벨트엔 수류탄을 걸고 하늘을 누빈다. 50대 후반의 나이에도 양 갈래로 머리를 땋고 다니며 부하인 양아들 셋에게 호령한다. 미야자키는 어머니를 떠올리며 도라란 인물을 만들어 냈다고 한다. 미야자키는 "실수한 자식은 발로 걷어차지만 가망이 있다고 생각하면 힘이 되어 주는 어머니"를 그리려고 했단다.

제작 일정은 빡빡했다. 보통 애니메이션을 만들 때는 미야자키가 스토리 보드를 작업한 후 다른 직원들이 마무리했다. 하지만 이번 작품의 경우 일정이 너무 꽉 짜여져서 미야자키가 먼저 각 장면의 절반을 작업한 뒤, 직원들의 그림을 봐 주면서 동시에 나머지 장면들을 작업해야 했다. 정신없는 하루하루가 지나갔다.

아침 일찍 일어나 스토리 보드를 그리고 사무실로 향한다. 사무실에서 직원들이 그린 그림을 손보고, 밤에는 집에 와서 스토리 보드 작업을 하고 잠자리에 든다. 미야자키는 일본에서 이런 작업 방법을 감당할 사람은 없을 터이니, 아마도 자신이 이런 방식으로 애니메이션 작업을 하는 유일한 사람이 아닐까 생각한다고 말한다. 하지만 그는 "그런 점을 자랑스럽게 생각합니다"라고 덧붙인다.

전체의 4분의 1을 남긴 시점에서 미야자키는 콘티에 자화상을 그렸다. 냉수와 땀이 뒤범벅된 얼굴 옆에다 이런 메모를 남겼다.

"한 시간만 더 줘!!"

당초 90분으로 계획되었던 작품은 2시간 4분 4초로 늘어났다.

1986년 8월 〈천공의 성 라퓨타〉가 사람들 앞에 선보였다.

타이틀 자막과 함께 풍차가 등장하고, 바람을 사용하지 않고 프로펠러를 이용하는 비행선의 시대로 변하고, 웅대한 공중 도시가 나타난다. 과학의 발전이 연속되는 그림을 통해 단계적으로 드러난다.

작품의 무대는 19세기 초 탄광 마을. 과학을 좋아하는 소년 파즈는 견습 기계공으로 일한다. 파즈는 돌아가신 아버지에게선 라퓨타 섬 이야기를, 광산의 노인에게선 비행석 이야기를 들으며 자랐다. 어느 날 파즈는 비행석을 목에 걸고 하늘에서 내려온 소녀 시타를 구한다.

"네가 하늘에서 내려왔을 때 가슴이 두근두근했어. 틀림없이 멋진 일이 시작될 거란 생각에."

파즈는 하늘에서 내려온 소녀 시타에게 반한다. 시타는 파즈에게 신비의 섬 라퓨타와 비행석의 비밀을 들려준다. 비행석은 사람을 하늘로 날게 하며, 천공의 성의 생명을 자라게 하고, 비밀 무기를 움직이는 에너지의 근원이다. 비행석의 놀라운 힘은 사람들에게 도움이 되기도 하지만, 반대로 강력한 무기로도 쓰인다. 할머니는 시타에게 비행석을 물려주며 '좋은 주문의 힘을 알기 위해서는 나쁜 주문도 알아야 한다. 하지만 절대로 사용해서는 안 된다'고 당부했다.

무스카와 해적 일당은 비행석을 뺏으려고 시타의 뒤를 쫓는다. 그리고 파즈는 시타와 함께 모험 길에 오른다. 전반부는 추격전으로 화려한 액션 장면이 이어진다. 그리고 마침내 천공의 성이 모습을 드러낸다. 라퓨타의 상층부는 자연의 낙원이지만 하층부는 대량 살상을 위한 첨단 무기가 장착된 무기고다. 무스카는 그 무기를 손에 넣어 지구를 정복하고자 한다. 그는 인간을 생각하지 않는 과학 기술이 불러오는 폐해를 보여 주는 인물이다. 그에게 과학 기술은 세계를 정복하기 위한 도구일 따름이다.

"나는 다음 50년 동안의 변화에 대해 그리 낙관적으로 생각하지 않습니다. 왜냐하면 인류가 어리석고 위험한 짓을 더욱더 많이 하고 있어 비극과 마주할 가능성도 그만큼 높아지기 때문입니다. 만약 그런 위기를 이겨 낸다면 우리는 더 좋은 방안을 찾아내고 문제는 개선될 것입니다. 이를테면 컴퓨터는 그 자체로 위험하지는 않습니다. 하지만 컴퓨터를 이용하여 세상을 지배하려는 사람들이 있다면 컴퓨터는 위험한 물건이 되는 겁니다. 하지만 저는 비관론자도 아닙니다. 어린이들을 기분 좋게 만드는 것, 세상을 더 낫게 만드는 방법을 배워, 내 작품을 통해 어린이들에게 미래를 간접 체험하게 도울 겁니다."

무스카가 라퓨타의 초강력 무기를 사용하려 하자, 시타는 할머니에게 배운 멸망의 주문을 외운다.

"파르스!"

주문과 함께 라퓨타의 하층부는 무너져 내린다.

"흙에 뿌리를 내리고 바람과 함께 살아요"라는 노래가 들려온다. 무기가 장착되었던 하부는 붕괴돼도 거대한 나무뿌리가 비행석을 지탱해 라퓨타는 아득한 하늘로 올라간다.

과학 기술은 그 자체로 나쁘지 않다. 누가 어떻게 사용하느냐에 달렸다. 이런 미야자키의 생각은 정원 관리 로봇에서 나타난다. 로봇은 무기로도 쓰이지만, 라퓨타 인의 무덤을 지키고, 작은 새의 둥지를 보살피는 일도 한다. 마지막 장면은 과학과 자연이 어떻게 공존할 수 있는지에 대한 미야자키의 답처럼 보인다. 어깨에 작은 동물을 태우고 꽃을 들고 걸어가는 로봇의 뒷모습으로 작품이 끝난다.

마지막 장면에서 미야자키가 작사한 주제가 〈그대를 태우고〉가 흐른다.

지구는 돌고 있어요, 그대를 태우고
언젠가는 반드시 만나요, 우리를 태우고

이 작품은 일본에서 '라퓨타 신드롬'을 일으켰다. 사람들은 문득 하늘을 올려다보게 되었다고 한다. 저 위에 뭔가 떠 있지 않을까, 기대하면서 말이다.

이 이상한 생물체는 아직 일본에 있습니다, 아마도

이런 생물이 있다.

털북숭이에 키는 2미터가 넘는다. 수리부엉이, 곰, 오소리를 합쳐 놓은 듯한 외모. 판다나 장난기 많고 둔갑술을 부린다는 일본 너구리 다누키를 닮았다.

이름은 '토토로'. 하품하는 소리를 듣고 메이가 '트롤'을 잘못 발음한 데서 붙여졌다. 나이는 1302살. 토토로는 숲과 동갑내기다. 사람이 나타나기 훨씬 전부터 숲의 정령으로 살아왔다. 숲 속 동굴이나 고목 안에서 살며 도토리가 주식이다.

미야자키는 어릴 때 숲에서 사는 무서운 생물체를 상상하며 진저리를 쳤다. 상상을 통해 그 생물을 점점 친근한 모양으로 탈바꿈

시킨 것이다. 〈이웃집 토토로〉는 그가 아주 어릴 때부터 꿈꿔 오던 이야기였다.

〈천공의 성 라퓨타〉의 공개 당시 미야자키는 이런 질문을 받았다. "지금까지의 영화와 같은 무국적의 세계가 아닌, 있는 그대로의 일본을 무대로 할 수는 없습니까?"

미야자키는 영화의 배경은 어디라도 가능하다고 대답했다. "작은 초원뿐이라도 상관없습니다. 벌레에겐 초원의 잡초가 거대한 나무겠죠. 배경이 어디든, 결국 세상의 한 면을 보여 준다는 점은 마찬가지입니다."

미야자키의 영화는 국적 불명이란 비판을 받던 처지였다. 주로 서양이나 어딘지 모르는 곳이 배경인 영화만 만들어서였다. 하지만 미야자키는 〈알프스 소녀 하이디〉를 만들 때부터 '아름다운 곳은 스위스의 산들뿐만이 아니야'라고 생각했다. 일본에도 그에 못지않게 아름다운 곳들이 많다. '그동안 일본에 빚진 것을 돌려주고 싶다'고 생각한 미야자키는 예전부터 기획했던 1960년대 일본의 농촌을 배경으로 한 작품을 추진했다.

하지만 '토토로'를 영화로 만들자는 계획은 번번이 거절당했다. 사건다운 사건도 일어나지 않는 이야기가 무슨 매력이 있나? 이 털북숭이 거인은 뭐냐? 기획자였던 스즈키는 묘수를 생각해 냈다.

"영화 두 편을 동시에 상영해 보면 어떨까요? 다카하다의 〈반딧불의 묘〉는 역사물이라 학생들이 단체로 보러 올 겁니다. 동시 상영 표를 팔면 학생들은 '토토로'도 보게 될 겁니다."

마트의 '1+1' 행사와 마찬가지다. 하지만 한 스튜디오에서 두 작품을 동시에 진행하는 건 만만치 않은 모험이었다. 1987년 지브리 스튜디오에서 다카하다는 〈반딧불의 묘〉, 미야자키는 〈이웃집 토토로〉를 제작한다.

다카하타가 감독한 〈반딧불의 묘〉는 태평양 전쟁이 끝날 무렵 집과 어머니를 잃은 남매의 이야기다. 친척 집에 얹혀살던 남매는 눈칫밥을 먹다가 집을 나와 방공호에서 살아간다. 오빠인 교타는 어린 세츠코를 위해 공습 사이렌이 울리면 목숨을 걸고 빈집에 들어가 식량을 훔쳐 냈다. 그러나 영양실조로 극도로 쇠약해진 세츠코는 사라져 가는 반딧불처럼 목숨을 잃고 교타도 그 뒤를 따르게 된다.

미야자키는 상대적으로 따뜻한 영화를 만들고 싶어 했다. 〈이웃집 토토로〉는 1950년대 일본의 농촌을 무대로 한다. 사츠키와 메이 자매는 고고학자인 아빠와 함께 엄마가 요양 중인 병원 근처의 시골로 이사를 온다. 원고에 몰두한 아빠와 학교에 다니는 언니 때문에 언제나 혼자 심심했던 메이는 어느 날 이상하게 생긴 털북숭이 생물과 만난다. 메이는 그것을 '토토로'라 부르고, 사츠키와 메이 자매는 토토로, 고양이 버스 등 숲 속의 정령과 어울린다.

이 이야기에 어떻게 일본의 자연을 실감 나게 담아 낼까?

〈이웃집 토토로〉를 제작하기 5년 전에 미야자키는 아동을 위한 그림책에서 "지금은 주택 단지가 되어 버렸어도 원래 이곳은 숲이었다고 말하는 교육보다는, 아이들이 숲에서 노는 것이 더 좋은 것 아닌가"라는 질문을 던졌다. 자연을 보호해야 한다고 말하는 것보다 자연이 얼마나 아름다운지 보여 주는 것은 어떨까. 아름다운 자연이라든지 하는 것은 처음부터 존재하는 것이 아니다. 그림을 통해 발견되는 것이다. 그전에는 몰랐는데 그림으로 보니 새삼스럽게 아름답고 신기하게 보이는 것이다. 산과 들은 거기 있지만 그것이 '있다'는 것만으로 보이는 것은 아니다. 누군가 "거기에 나무가 있잖아"라고 말해야 비로소 '나무가 있다'는 것을 알게 된다.

"자연이라는 현상을 그릴 경우에, 예를 들어 공기라는 것도 그렇고 식물도 빛도, 전부 정지 상태로 있지 않고 시시각각 변하면서 움직이는 상태로 존재하는 것이지요. 그것을 보고 있는 자신도, 걷고 있는 자신도, 그 감수성도 시시각각 변하지요. 평상시라면 '좋네'라고 생각할 수도 있는 경치가 때에 따라서는 똑같은 조건의 경치라고 해도 전혀 눈에 들어오지 않을 수도 있다고나 할까. 그냥 좋은 풍경으로밖에는 보이지 않는 거죠. 그리고 어떤 때는 아무것도 아닌 하찮은 상황임에도 불구하고 그것이 계기가 되어 모든 경치가 가슴에 와 닿을 수도 있죠. 여러분도 경험한 적이 있을 거라고 생각합니다."

태양 아래서 꽃이 만발하고 나비가 날아다니는 풍경. 달팽이가 기어 다니고 두꺼비가 펄떡거린다. 잘 익은 오이와 물방울로 반짝이는 야채들이 군침을 돌게 한다. 저 안으로 들어가서 놀고 싶다는 마음이 들게 하는 자연 풍경을 그려 보자. 자연으로 돌아가자는 메시지를 보여 주기보다는, 자연과 함께하는 건 정신을 해방시키는 즐거운 일이라는 걸 보여 주자는 것이다.

자연을 생생하게 살리려면 수목과 풀과 꽃을 정확히 그려야만 했다. 풍토나 계절감을 표현해 누구라도 그리움을 느낄 평범한 일본의 풍경을 묘사해야만 했다.

미술 감독 오가 카즈오는 풍경에 생명을 불어넣었다. 아침, 낮, 밤의 빛을 각각 다르게 표현했다. 낮은 대지에 우거진 나무들도 다양하고, 흙의 빛깔도 그 지방에 걸맞게 붉은 기를 띤다. 비를 맞은 채 내버려진 낡은 나무틀의 나무결이 들떠 올라간 모습도 세밀하게 그려 낸다. 다른 애니메이션 작품에서 실개천은 무작정 파랑색이었다. 하지만 이 작품의 실개천은 그늘이 드리워진 부분은 바닥이 보이고, 양지에 해당하는 부분은 빛이 반사되어 바닥이 보이지 않는다. 진짜 실개천처럼 빛의 양이나 방향에 따라 모습을 달리한다. 사람이 걸어가는 장면에서도 나무 사이로 들어오는 햇살이 방향에 따라 변한다. 똑같이 숲과 잡초가 무성해도 차가운 어둠으로 표현하지 않고 녹색과 갈색을 사용해 따뜻하게 그려 낸다.

작품의 후반부는 저물녘이다. 오후부터 일몰까지의 시간 경과도 색을 사용해 표현해 냈다. 석양이라면 으레 오렌지빛이었다. 하지만 이 작품의 해 질 녘 하늘은 산뜻한 자연의 초록에 살짝 황토빛을 더한다. 하늘의 파랑에 보라색이 섞여 들어가고, 구름에 붉은 기가 더해지면 어둠이 찾아든다. 종래 애니메이션에서는 인물이 검정색 윤곽선으로 그려지지만, 〈이웃집 토토로〉에서는 갈색 윤곽선을 사용해 초목이 있는 풍경이 보다 친숙하게 전해진다. 바람 소리, 귀뚜라미 소리가 들린다. 토토로가 부는 오카리나 소리, 빗방울이 우산을 두드리는 소리가 더해진다.

이 작품의 주요 배경은 숲이다. 나무들이 모여 있는 숲은 깊이를 가진다. 그런데 2차원의 평면에 숲의 깊이를 드러낼 수 있을까. 미야자키는 나무 세 그루로 숲의 깊이를 표현해 냈다. 잡목 숲에 들어가면 나무가 세 그루 서 있게 한다. 앞쪽으로는 가지 끝이 보인다. 안쪽에는 나무가 서 있다. 그 사이를 비워 두면 공기가 차 있는 듯한 느낌이 전해진다. 겨우 깊이 20미터 정도의 공간이 대단한 깊이가 있는 공간처럼 보인다.

"아무것도, 실제로는 거대한 공간이 없어도 우리는 멋진 공간이라고 실감할 수 있는 것입니다. 그러한 것을 어떻게 추구해야 할지 항상 생각하죠."

주인공은 어린아이다. 어린아이가 본 자연의 모습이 펼쳐진다. 자연은 어린이에게 생활 공간이며 동시에 놀이터다. 풍경은 뛰노는 아이로 인해 살아 움직인다.

먼지는 어른들에게는 더러운 것이다. 하지만 아이들은 먼지 덩이와도 논다. 바닥이 뚫린 양동이는 쓸모가 없다. 하지만 아이에겐 그것도 장난감이다. 카메라는 철저히 아이의 시선에 비친 자연을 따라간다.

"어린이의 움직임을 계속 관찰해, 특히 달리는 모습을."

"어린이와 어른은 보폭이 달라. 그것도 계산해야지."

미야자키는 애니메이터에게 어린이의 움직임을 주의 깊게 보라고 요구했다. 아이가 민들레 홀씨를 날리는 장면이 만들어진다. 아이가 숨을 들이쉬고 내쉬는 것만으로 민들레 홀씨는 하늘로 낱낱이 날아간다.

영화가 시작되면 5월의 아름다운 푸른 하늘, 그 아래 보리밭 사이로 삼륜차가 달려온다. 화물칸 이삿짐 사이로 열 살 난 사츠키와 네 살 메이는 캐러멜을 나눠 먹는다. 마주치는 우편배달부를 파출소 순경인 줄 알고 재빨리 숨는다. 트럭 뒤칸에 올라탄 걸 알면 잔소리를 듣는다. 우체부란 걸 알고 안심한 자매는 자전거 쪽으로 손을 흔든다. 삼륜차의 움직임에 따라 잡화 가게, 나이 든 신사 등 아름다웠던 간토 지방의 풍경이 펼쳐진다. 물이 넘치는 논에서 벼가

고개를 숙이고 그 사이에서 농부들이 일을 한다. 작은 냇가의 돌 위로 시냇물이 조용히 흘러가며 빛난다. 이사를 돕기 위해 와 준 이웃 할머니와 툇마루에서 인사를 하는 대목에 이르기까지 긴 대사 없이 움직임 중심으로 전개된다. 초반의 몇 분간 관객은 1950년대 시골 풍경 속으로 빨려들어 간다.

〈이웃집 토토로〉는 단순히 자연의 아름다움을 담은 영화만은 아니다. 아이들은 아이들 나름의 고민이 있다. 앞날이 불안하고, 나는 어떤 사람일까를 고민한다. 사츠키와 메이의 어머니는 병원에 누워 있다. 〈이웃집 토토로〉는 상실의 두려움을 표현한다. 엄마가 아프다. 돌아가실지도 모른다. 아이들은 불안할 때 봉제 인형을 안고 걷는다. 굉장히 더러워진 봉제 인형이라도 그것이 없으면 잠들지 못하는 아이도 있다. 봉제 인형은 말도 못하고 움직이지도 못하지만 옆에 있어 주는 것만으로도 안심시켜 주는 존재다. 이 작품의 주인공인 토토로는 봉제 인형을 닮았다. 푹신푹신해서 안고 있으면 그대로 잠들 것 같다. 가까이서 마음을 안심시켜 주는 친구다.

작품의 주인공은 열한살 사츠키와 네 살 메이 자매. 언니는 제 나이보다 어른스럽고, 동생 메이는 호기심이 왕성하고 활기찬 소녀다. 사츠키는 언니라지만 아직 어린아이다. 하지만 요양원에 간 엄마 대신 동생을 돌봐야 한다. 엄마 걱정을 많이 하고, 엄마가 병으로 죽을지도 모른다고 불안해한다. 하지만 집안일을 꾸리고 어린 동생을 돌봐야 하기 때문에 참는다. 사츠키는 앞서 등장했던 미야자키의 소녀 주인공들처럼 약하지만 책임감이 강하다. 자신이 처한 상황 때문에 마냥 어린아이처럼 굴지 못한다. 토토로가 같이 하늘을 날자고 청했을 때도 사츠키는 망설인다. 메이가 어리광쟁이라면, 사츠키는 어린이와 어른의 길목에 서 있다.

미야자키는 사츠키가 남들보다 빨리 어른이 되어야만 하는 소녀라고 말한다. 집안일도 하고 동생도 돌봐야 하니 무리하게 어른스러워져야 한다. 엄마 걱정을 하지만 어린 동생처럼 대 놓고 징징거리지도 못한다. 억지로 발랄하게 굴기도 한다. 어떻게 보면 사츠키는 어린 시절을 뺏겨 버렸다. 당장은 모르겠지만, 마음을 억눌리고 지내다 보면 비뚤어질 수도 있다. 영화 후반부에서 사츠키는 자신의 감정을 드러낸다. 사라진 동생을 걱정하며 목놓아 운다. 어머니가 떨어져 있다는 외로움까지 더해져 펑펑 운다. 꾹꾹 참아 왔던 눈물을 터뜨리는 사츠키는 보는 사람의 코끝마저 찡하게 만든다. 울고 싶으면 울어. 그동안 얼마나 힘들었니?

이런 불안감이 깔려 있지만, 작품에는 주로 행복한 가정의 모습이 그려진다. 이런 풍경에 기둥 역할을 하는 건 자매의 아버지다. 미야자키는 당시 많은 애니메이션들이 자식 세대와 부모 세대가 싸우는 모습만을 보여 주는 걸 아쉬워했다. 부모 세대와 자식 세대가 화해할 길은 없을까? 이 작품의 아버지를 통해 그 해결책을 찾고자 했다. 그렇다면 자매의 아버지는 어떤 사람이 되어야 할까?

어느 날 카피라이터가 아들과 함께 지브리 스튜디오를 방문했다. 미야자키는 말없이 그들의 모습을 지켜보았다. 아버지는 아이가 원하는 대로 내버려 두고 자상하게 돌봐 주었다. 미야자키는 그 모습에서 자매의 아버지를 그릴 영감을 얻었다.

"자네야말로 아버지로 딱이야."

"예?"

"아버지 목소리도 자네에게 부탁함세."

"예? 저보고 성우를 하라고요? 전 카피라이터인데요."

어리둥절하던 카피라이터는 제안을 받아들였고 성우로 데뷔하게 된다.

헌신적이고 다정한 아버지. 미야자키는 자신의 아버지를 떠올렸다. 미야자키의 아버지는 아픈 어머니 대신 4형제를 돌봐 주었다. 아버지는 아픈 어머니 때문에 불안해하는 아이들을 따뜻한 공기처럼 감싸 주었다. 이런 아버지의 모습은 〈이웃집 토토로〉에서 자매와 아버지의 목욕 장면에서 나타난다. 일본에서는 가족끼리 목욕을 하는 것이 일상사였다.

목욕을 하는데 거센 바람에 낡은 집이 삐걱거린다. 등골이 오싹해진다. 아이들은 불안해하는 눈치다. 그러자 아버지는 별안간 "하하하하" 큰 소리로 웃는다. 사츠키도 영화 속 악당처럼 "카하하" 부러 웃지만 메이는 웃지 않겠다고 고집을 부린다.

"무섭지 않는걸."

사츠키는 메이에게 간지럼을 태운다. 웃음은 전염성이 강하다. 모두들 큰 소리로 웃고 웃다 보니 정말 즐거워진다.

자매의 아버지는 허술하다. 성격은 둔하고 머리는 까치집에 일하다가 밥 먹는 것도 까먹는다. 큰딸에게 아침밥이나 도시락을 맡기고 무심코 늦잠을 자 버리는 식이다. 하지만 다정하고 헌신적인 아버지는 마음의 버팀목이 되어 준다.

"이웃집 토토로, 토토로, 토토로, 토토로, 옛날부터 숲에서 살고 있다는~ 이웃집 토토로, 토토로, 토토로, 토토로, 어린 시절에만 찾아오는 신기한 만남."

영화가 개봉된 뒤, 초등학교 등굣길에서는 이런 노랫소리가 들려오곤 했다. 〈이웃집 토토로〉의 주제가는 아이들의 사랑을 받는 동요가 되었다. '어린이들이 큰 소리로 부를 수 있는 노래를 만들자'는 마음가짐으로 제작했다. 오프닝 곡인 〈산보〉는 아동 문학가가 작사했고, 엔딩 곡은 미야자키 본인이 노랫말을 붙였다.

"누군가 아무도 몰래 작은 길에 나무 열매를 심고서 작은 싹이 돋아난다면 그건 비밀의 암호, 숲으로 가는 패스워드. 멋진 모험이 시작됩니다."

일본뿐만 아니라 중국 어린이들의 사랑도 받았다. 중국에서 일본과의 국교 20주년을 기념하여, 〈바람계곡의 나우시카〉와 〈이웃집 토토로〉가 개봉되었다. 중국의 아동절(어린이날)인 6월 1일, 소년궁 극장에서 〈이웃집 토토로〉를 본 아이들은 영화 마지막에 나오는 주제가에 맞춰 모두 박자를 맞춰 손뼉을 쳤다.

〈이웃집 토토로〉는 그해 실사 영화를 포함하여 일본 내 모든 상을 휩쓸었고, 일본인이 가장 좋아하는 애니메이션 영화 1위로 꼽힐 정도로 폭넓은 사랑을 받았다.

영화 평론가 오카다 토시오는 "〈이웃집 토로로〉가 작년에 일본 영화상을 독점한 것은 당연했습니다. 무엇보다 이 작품이 가장 일본 영화다웠기 때문입니다. 일상생활의 아무것도 아닌 묘사를 통해 풍부한 인생의 표정을 끌어내는 것은, 전쟁 전부터 1950년대 무렵까지 일본 영화가 자랑으로 삼은 것이었습니다. 이 영화는 그와 같은 일본 영화가 잊고 있던 좋은 점을 생생하게 재현하고 있는 것입니다."

영화 공개 2년 후에 토토로는 봉제 인형으로 상품화되었다. 한 인형 제작자가 "인형을 만들기 더할 나위 없이 좋은 캐릭터"라며 제작에서 판매까지 도맡았다. 캐릭터를 이용한 인형에서 얻은 수익금이 영화 제작에 쓰였고, 그 뒤로 토토로는 지브리의 상징이 되었다. 매번 오프닝 장면에 이마에 작은 토토로를 태우고 누워 있는 큰 토토로가 등장한다. 어린이부터 어른에게까지 폭넓은 지지를 받은 〈이웃집 토토로〉로 미야자키는 일본을 대표하는 영화감독이 되었다. 작품 배경의 모델 중 하나였던 도코로자와 시 마츠고의 잡목림은 '토토로의 숲'으로 불리게 되어, 이후 미야자키는 그 숲의 보전에 30억 엔을 기부하게 된다.

"이 이상한 생물체는 이제 일본에는 없습니다, 아마도"란 영화의 카피를, 미야자키는 "이 이상한 생물체는 아직 일본에 있습니다. 아마도"로 바꿨다. 그는 일본 구석구석에 토토로를 살게 했다. 일본의 아이들은 자기가 사는 마을에 토토로가 있을 거라고 믿었다. 자연은 아이들에게 다정한 곳으로 기억된다.

저 숲은 그냥 숲이 아니야. 저 숲엔 토토로가 살지도 몰라.

열세 살 마녀, 도시로 가다

지구의 운명, 인류의 미래보다는 내 행복을 찾고 싶다.

열세 살 소녀가 빗자루를 타고 먼 곳으로 떠난다. 자신의 삶을 개척하기 위해. 열세 살이 되면 부모 곁을 떠나 스스로 살아갈 마을을 찾아 1년을 수행해야 하는 것이 마녀의 규칙.

〈마녀 배달부 키키〉의 풋내기 마녀 키키의 이야기다.

미야자키가 대학 시절 아동 문학회에서 읽었던 작품을 원작으로 삼았다. 젊은 스텝에게 각색을 맡겼지만, 완성된 글을 보고 미야자키는 10대 아이들을 사로잡기에는 모자란 구석이 있다고 지적했다. 원작은 에피소드 중심이고 시종일관 밝은 분위기다. 하지만 10대 시절이 마냥 행복하지만은 않다. 10대가 가진 고민과 갈등을 담아 내야 공감대가 형성된다.

"이 작품은 제가 휴식을 갖고 젊은 스태프를 키우기 위해 제작한 것입니다. 그랬는데 여러 가지 사정으로 제가 시나리오를 쓰지 않으면 안 되는 처지가 됐어요. 그래서 제 시나리오로 감독을 하게 된 거죠."

미야자키가 대본을 쓴다니 감독을 맡기로 한 후배는 부담스럽다며 그만두었다. 결국 미야자키가 대본에 감독 역할까지 떠안았다.

미야자키는 키키를 통해 젊은 세대의 고민을 그려 내고자 했다.

'도시에서 어떻게 홀로 살아갈 수 있을까? 부모님 곁을 떠나 과연 혼자서 살아갈 수 있을까?'

10대 소녀들은 두 마음 사이에서 갈팡질팡한다. 부모에게 의존하며 편안한 삶을 누리고 싶다, 독립하여 자아를 실현하고 싶다. 미야자키는 이런 10대 소녀의 상황을 애니메이션에 입문하려는 젊은이들과 비슷하다고 생각했다.

"주인공은 만화가가 되려고 도쿄에 홀로 상경하는 사람과 같습니다. 오늘날 줄잡아 30만 명의 젊은이가 만화가가 되려고 합니다. 만화가가 된다는 것은 특별할 게 없는 일입니다. 그것은 사회 생활을 시작하고 돈을 버는 직업으로는 비교적 평범한 일에 속하죠. 그러나 직업을 갖고 생활을 꾸려 나가다 보면 자아 실현의 문제가 밀어닥칩니다. 키키의 모습에서 오늘날 일본 젊은이들의 모습을 볼 수 있죠. 부모의 애정과 보살핌을 받으면서 화려한 도시 생활을 꿈꿉니다. 그리고 그 꿈을 옮겨 독립하지만 불안하기도 하죠. 의사결정이 미숙하고 세상 물정에 어두운 키키는 오늘날 젊은이의 모습을 보여 줍니다."

이 무렵 일본의 젊은이들 사이에 '프리터'로 살기가 유행했다. 프리터는 자유(free)+아르바이트(arbeit)를 결합시킨 말로, 직장을 가지지 않고 자기가 원하는 시간에 아르바이트를 하며 생활을 꾸려가는 삶의 방식을 뜻한다. 한 직장에서 평생 한 가지 일만 하는 어른들의 삶과는 달랐다. 어른들은 자신들의 삶의 방식을 따르지 않는 젊은이들을 싸잡아 비난했다. 마치 중세의 마녀를 심판하듯. 미야자키는 프리터의 삶에서 당시 사람들에게 이해받지 못하는 마녀들을 떠올렸다. 남들이 뭐라든 자기 식의 삶을 고수하는 것이 소중하다. 물질적 자립 못지않게 중요한 건 정신적 자립이 아닐까. 사회에서의 물질적 충족은 자기 자신이 되는 것을 오히려 방해하는 것은 아닐까. 고도 성장기의 어른들은 노력 제일주의로 모든 걸 해결했다. 시대는 바뀌었다. 물질적 풍요가 행복을 좌우하지 않는다. 돈으로도 해결되지 않는 '나'란 누구일까란 문제로 고민하는 젊은이의 삶을 그려 보자. 불안하지만 가능성으로 충만한 시간을 말이다.

원작의 키키는 능숙하게 날지만 영화 속 키키의 비행은 위태위태하다. 마을을 출발하던 날 키키는 공중에 떠오르지만, 불어오는 바람에 비틀거리며 정원을 이리저리 휘젓다가 나무에 부딪친다. 다행히 그 탄력으로 다시 날아오르는 키키를 가족들과 동네 사람들은 조마조마하게 지켜본다.

그렇다면 이런 10대 소녀의 모습을 어떻게 구체적으로 그려 낼 수 있을까?

미야자키는 여성 스태프들에게 의견을 구했다. 그녀들은 미야자키 영화의 소녀에 대한 불만을 털어놓기 시작했다.

"보면서 늘 저런 소녀가 어디 있냐고 생각했어요."

"진짜 여자아이가 아니라 여신 같아."

"화장실에도 안 갈 것 같아."

솔직한 말들이 쏟아져 나왔다. 미야자키는 이런 의견들을 수용해 현실적인 소녀의 모습을 만들어 나갔다. 포스터용 스케치에서 키키는 변기에 걸터앉아 있다.

키키는 시골 마을에서 살다 도시로 간 마녀다. 미야자키는 시골에서 도시로 와서 아르바이트를 하며 전문학교까지 다니는 여성들의 현실에 대해 들었다. 좀더 실감 나는 소녀의 모습을 그려야 했다. 키키는 도시에 와서 빵집 배달 아르바이트를 하고, 쇼윈도 속의 하이힐을 부러운 듯 바라보며, 가게에 앉아 멋진 청년의 오토바이에 올라타는 젊은 여자를 보고 한숨 쉰다. 키키는 도시의 유혹에 약한 보통 소녀다. 마을 사람을 구하거나 인류의 미래와 같은 대단한 문제들로 고민하지 않는다. 나는 어떻게 살아야 하지? 갖고 싶은 것도 많은데. 나도 근사한 연애를 하고 싶은데. 여신은 소녀가 되어 우리 곁에 숨쉰다.

키키가 마을을 떠나는 날, 일기 예보와는 달리 비가 쏟아진다. 키키는 기차로 숨어 들어가 하룻밤을 보낸다. 아침에 일어나 보니 열차 밖으로 바다가 보인다. 키키는 항구 도시 코리코로 날아간다.

가공의 도시 코리코를 그리기 위해 미야자키는 스웨덴의 수도 스톡홀롬과 발트 해의 섬 비스비로 로케이션 헌팅을 결정하고 작가와 미술 스태프를 보냈다. 그들은 무려 80통의 필름을 찍어 온다. 스웨덴은 미야자키가 〈삐삐 롱 스타킹〉을 위해 여행했 곳이다. 여기에 미야자키가 휴가 중에 방문했던 아일랜드의 풍경, 이탈리아의 마을 광장, 파리의 번화가, 샌프란시스코의 이미지가 덧붙여져 '전쟁이 일어나지 않은 유럽'의 도시가 만들어졌다.

도시는 키키의 고향과는 달리 냉담했다. 키키는 사람들에게 미소를 지으며 인사하지만, 사람들은 인사를 받아 주는 대신 황당해한다. 길에는 자동차들이 오가고 굉음을 내며 대형 트럭이 달려간다. 빗자루를 탄 마녀가 마음 놓고 날아다닐 수 없다. 경찰은 "하마터면 사고가 날 뻔했다"고 화를 냈다. 미성년자인 키키는 신분을 증명할 길이 없어 호텔에 숙박하기도 어렵다. 빵집 여주인이 낙심한 키키에게 도움의 손길을 내민다. 키키는 빵 가게 일을 거들며 비행 능력을 이용해 택배를 시작한다. 비행선을 만드는 소년 톰보는 날아다니는 능력이 있는 키키에게 호감을 가진다.

원작에서 키키의 짝꿍 톰보는 그저 얌전한 비행 마니아다. 애니메이션 속의 톰보는 어떤 인물이면 좋을까? 미야자키는 스태프 전원을 대상으로 "지금 인기 있는 남자는?"이란 앙케트를 실시했다.

"머리가 좋았으면 좋겠어요."

"성격도 밝아야죠."

"약간 날라리 같은 구석이 있어야 매력이 있죠."

이런 결과를 종합해 미야자키는 새로운 톰보를 만들어 냈다. 비행기에 관심 많은 톰보는 키키에게 호감을 갖는다. 키키도 톰보를 마음에 둔다. 하지만 둘 사이가 잘 풀리지는 않는다. 키키는 톰보에게 파티 초대장을 받지만 파티 당일 물건을 배달해 달라는 전화를 받는다. 노부인은 매년 손녀의 생일 파티 때 파이를 보내 줬는데 오븐이 고장 나 파이를 구울 수 없는 형편이다. 키키는 부엌의 구식 오븐에 불을 지펴 파이 굽는 것을 돕는다. 마침내 파이가 완성되고 배달을 나선 찰나 장대비가 쏟아진다. 비를 맞으며 겨우 배달을 했는데, 손녀딸은 할머니의 파이를 심드렁하게 받고 키키가 비를 맞아 가며 배달한 일에 대해서도 조금도 고마워하지 않는다. 키키는 실망하여 돌아오고, 자신을 기다리던 톰보를 보고도 그냥 방에 들어가 버린다. 키키는 비를 맞고 상심하여 독감까지 걸린다. 빵집 주인은 키키의 마음을 헤아려 톰보와 만날 기회를 마련해 준다.

키키는 톰보가 만든 프로펠러가 달린 자전거를 함께 타고 비행선을 구경하러 간다. 톰보의 친구들이 몰려들자 키키는 수줍은 마음에 자리를 떠난다. 낯선 아이들이 자기를 받아 줄까 걱정한다. 고향과 옛 친구들이 그립다. 낯선 도시에서 홀로 살아가는 외로움, 여기가 내 자리가 맞을까? 앞으로 잘 해낼 수 있을까? 좋아하는 아이와 잘되지 않으면 어쩌지? 키키의 마음에 불안이 차오른다.

'진정한 나를 발견할 수 있을까' 이런 근심 때문인지 키키는 나는 능력마저 잃고, 안간힘을 쓰다가 어머니한테서 물려받은 빗자루마저 두 동강을 낸다. 비행은 키키를 남다른 사람으로 만들어 준다. 더불어 남과 달라서 외롭게 만든다.

다음 날 우르술라가 찾아와 같이 통나무집에 가자고 한다. 예전에 떨어뜨린 배달 물건을 찾기 위해 숲을 헤매다 만난 친구 우르술라는 숲 속에서 홀로 그림을 그린다. 우르술라는 낙심한 키키에게 자신도 종종 그림을 그릴 수 없게 될 때가 있다고 말한다.

"그럴 때는 버둥거릴 수밖에 없어. 그런데도 안 되면 일단 그만둬야지."

마녀가 피로 계승되는 것처럼, 재능도 처음에는 타고난 것이다. 그렇지만 타고난 것이라도 언젠가는 의식적으로 자신의 것으로 만들어 두지 않으면 안 된다. 화가를 지망하는 우르술라는 자신만의 그림을 찾는 게 고통스러운 과정이라고 말한다. 키키는 우르술라의 부탁에 기꺼이 모델이 되어 준다. 모델로 앉아 있으며 키키는 하늘을 나는 기술과 자신이 그것을 어떻게 사용하고 있는지를 생각한다. 키키는 그림 속 자신의 모습을 물끄러미 바라본다. 영화 속의 그림은 키키 또래의 학생이 그린 것으로, 미야자키가 키키의 얼굴만 그려 넣었다. 열아홉 살 우르술라의 고민과 격려는 키키에게 힘을 준다. '타고난 재능을 내 것으로 만들기 위해서는 힘든 시간도 감당해야 해.'

도시로 돌아온 키키는 TV에서 비행선이 돌풍 때문에 줄이 풀려 날아가는 장면을 본다. 그런데 그 줄 끝에 톰보가 매달려 있다.

키키는 당장 마을로 가지만 톰보를 도울 방법이 없다. 유일한 방법은 하늘로 날아가 톰보를 붙잡아 주는 것이다. 하지만 키키는 더 이상 날지 못한다. 키키는 거리 청소부에게 빌린 빗자루를 타고 전력을 다한 끝에 이륙에 성공한다. 하지만 오랫동안 날아 보지 않아서 방향조차 잡지 못한다. 비틀비틀거리고 충돌할 고비를 넘긴다. 하지만 결국 톰보를 위기에서 구해낸다.

이 영화는 미야자키 작품의 평균보다 세 배에 가까운 264만 명의 관객을 동원하며 일본 영화 최대의 흥행작이 된다. 지금도 여성지 독자들에게 가장 좋은 미야자키 작품 1위로 꼽힌다.

〈마녀 배달부 키키〉 개봉 바로 뒤에 미야자키는 두 가지 제안을 한다. 첫째는 스텝의 사원화와 고정급 제도의 도입, 두 번째로는 신인을 정기적으로 채용하고 육성하자는 것이다.

미야자키와 다카하다는 자신들이 원하는 수준의 완성도를 성취하기 위해서는 시스템에 변화를 주어야 한다고 생각했다. 일본 애니메이션계의 임금 체계는 월급제가 아니라 일한 만큼 대가를 받는 시스템이다. 따라서 스태프들은 신입이건 경력이건 정식으로 고용되어 월급을 받는 것이 아니라 작품별로 계약하고 임금을 받는다. 계약직 노동자로 일하는 것이다. 지브리 스튜디오는 스태프들이 우수한 작품을 만드는 데 전념하도록 임금을 높였지만 그들은 여전히 안정적인 생활을 보장받지 못했다. 많은 직원들이 봉급 생활자의 평균 수입의 절반밖에 벌지 못했다. 경기가 나빠지면 숙련된 경력 사원들도 다른 일을 알아봐야 했다. 하지만 감독과 프로듀서는 좋은 스태프와 지속적으로 작업하는 것이 중요했기 때문에 이런 시스템에 불만을 가질 수밖에 없었다.

양질의 애니메이션을 제작하기 위해서는 꼭 필요하다는 말에 도쿠마 야스요시 회장은 찬성했고, 지브리 스튜디오는 새로운 출발을 하게 되었다. 지브리 스튜디오는 그때까지의 성과급제 애니메이션 스튜디오에서 스태프를 정식 사원으로 채용하고 월급을 주기로 결정한다. 모처럼 뜻을 모은 스태프가 한 작품만 만들고 해산하면 지속적으로 좋은 작품을 만들기 어렵다. 철저히 작품에 정열을

쏟다가 실패하면 끝이라는 각오가 아니라, 계속해서 작품을 만드는 시스템을 구축해야 했다.

신입을 정기적으로 뽑아 스튜디오에 활기를 불어넣고, 교육을 통해 이들을 한 식구로 만들고자 했다. 1990년, 마침내 미야자키는 도쿠마 서점의 지원으로 이 계획을 실행에 옮겨, 매년 신규 직원을 채용하고 교육하여 새로운 팀에 합류시킨다.

날지 못하는 돼지는 그냥 돼지일 뿐

"두 작품을 같이 만든다고? 그게 가능하겠어?"

안정된 작업 환경을 마련하기 위해 월급제를 시작했지만, 지브리 스튜디오의 재정은 넉넉하지 않았다. 어떻게 해야 이런 상황에서 벗어날 수 있을까 고민하다가 두 작품을 동시에 만들자는 의견이 나왔다. 다가하다의 〈추억은 방울방울〉과 미야자키의 〈붉은 돼지〉. 꿈을 현실화하기 위해 감당할 몫이었다.

〈추억은 방울방울〉은 애니메이션에서 보기 드물게 성인 여성이 주인공이다. 〈마녀 배달부 키키〉가 도시로 온 소녀의 이야기라면, 〈추억은 방울방울〉은 농촌으로 간 스물일곱 살 여자의 이야기다. 도시 생활에 만족하지 못하는 직장인 타에코는 여름 휴가 동안 일을 거들러 농촌으로 내려간다. 열흘 휴가를 내어 시골의 친구들을 만나기 위해 고속 전철을 타고 길을 떠난다. 여행 도중 그녀의 머릿속에는 가족과 학교 친구들과 만들었던 추억들이 하나씩 떠오르고 과거로의 여행이 시작된다. 맞아, 파인애플. 맨 처음 파인애플을 보고 어떻게 먹는지 몰라 우왕좌왕했었지. 어떤 추억은 자랑스럽지만, 또 어떤 추억은 잊었으면 좋겠다. 학예회 연극에서 주목받아 영화 출연 제의를 받은 추억은 자랑거리지만, 아버지에게 뺨을 맞은 기억은 지워 버리고 싶다. 마지막 장면에서 시골을 떠나려고 기차역에 선 다에코는 열두 살 무렵의 자신과 만난다. 그리고 지금까지 쌓아올린 추억으로 현재도, 미래도 만들어진다는 걸 깨닫는다.

미야자키는 〈추억은 방울방울〉에서 제작 프로듀서를 맡았다.

"그저 불쏘시개 역할이었다"라고 했지만 제작 일정이 늦어지는 걸 막는 등 중요한 역할을 해냈다. 모든 스태프들이 〈추억은 방울방울〉의 마지막 제작 과정에 투입됐다. 그 상황에서 〈붉은 돼지〉가 시작됐다. 누구의 손도 빌릴 수 없었다. 스트레스가 쌓여 갔다. 미야자키는 일로 생긴 스트레스를 일로 풀곤 했다.

"새로운 스튜디오를 짓자."

미야자키의 폭탄 제안에 다른 사람들은 어리둥절했다.

"지금 이 상황에서?"

당시 스튜디오는 도쿄 시내의 빌딩 한 층을 빌린 300평 남짓한 공간이었다. 90여 명의 스태프가 일하기엔 턱없이 비좁았다. 최고의 작품을 만들기 위해 월급제로 우수한 직원을 확보했다.

"그러니 그들이 일을 잘할 수 있게 좋은 작업 환경을 만들어 줘야지."

"그렇지. 그런데 새 건물을 지을 돈이 없지 않나?"

지브리는 새 건물을 지을 만한 돈이 없었다. 도쿠마 서점의 도쿠마 야스요시 회장이 팔을 걷고 나서서 새로운 시설 비용에 대한 보증까지 서 주었다.

미야자키는 건물을 직접 디자인하고, 건축 자재를 선택하고, 건축업자를 만나고, 모든 세부 사항을 관리했다. 초록색 외관은 미야자키의 아들이 설계했다. 직원들이 휴식을 취하거나 가든파티를 즐길 수 있게 건물 옥상도 구상했다. 그해 미야자키는 자신이 구상한 스튜디오의 설계도를 가지고 건설 회사와 함께 완공 예상도를 그리는가 하면 건축 자재의 견본도 직접 골랐다. 지하와 지상 3층의 건물로 옥상에는 공중 정원이 꾸며졌다. 새 스튜디오와 동시에 〈붉은 돼지〉도 착착 만들어졌다.

〈붉은 돼지〉는 스스로 돼지가 된 남자의 이야기다. 인간이었던 시절 그는 비행기를 모는 전쟁 영웅이었다. 하지만 전투 중에 많은 동료들이 숨을 거뒀고 어린 시절의 단짝 친구도 잃었다. 그는 전쟁이 무엇인지, 사람의 목숨이 무엇인지 고민하다가 공군 조종사를 그만두고 돼지가 된다. 다른 영화에서는 인간이 저주를 받아 동물이 된다. 그러나 이 남자는 자기 뜻으로 돼지로 변신한다. 전쟁 따위를 일으키는 인간은 징글징글하다. 차라리 돼지가 되련다.

그런데 왜 하필이면 돼지인가?

"나는 돼지가 좋아."

미야자키는 돼지 마니아였다. 옷에도 돼지를 그려 넣고, 개인 스튜디오에는 '돼지 우리'란 별명을 붙였다. 현관의 문패는 돼지로 장식되어 있고, 스튜디오 위층에는 돼지들의 비행 장면이 그려져 있다. 미야자키는 자신을 돼지에 빗대기도 했다.

"저는 인간만이 신에 의해 선택된 최고의 존재라는 생각에 넌더리가 납니다. 이 세상에는 아름답고 소중하며 누구나 추구해야 할 가치가 있죠. 이러한 제 느낌들에 가장 적합한 것이 돼지였습니다. 때문에 저는 돼지를 영웅으로 만들고자 합니다."

예전부터 돼지가 주인공인 영화를 만들려 했다. 〈천공의 성 라퓨타〉의 제작 준비를 하면서도 돼지가 주인공인 비디오를 기획했다. 돼지가 여인의 사랑을 받는다는 이야기. 하지만 두 작품을 동시에 해 본 적이 없기에 돼지 이야기는 젊은 감독에게 맡길 참이었다.

"자기를 납치한 남자를 좋아하는 여자가 어디 있으며, 그 남자가 그녀를 애타게 기다리는 것도 도통 납득이 가질 않네요."

젊은 감독은 결말을 이해할 수 없다고 반박했고, 미야자키는 고집을 꺾지 않았다.

결국 그 프로젝트는 중단되고 말았다. 하지만 미야자키는 돼지 프로젝트에 대한 관심을 버리지 않았다.

〈붉은 돼지〉는 미야자키가 50대에 접어들면서 만든 작품이다. 기존의 미야자키 작품의 주인공이 소년이었다면, 포르코는 땅딸한 몸매에 술과 담배를 즐기는 중년 남자다.

'지쳐서 뇌세포가 두부가 되어 버린 중년 남성을 위한 만화 영화.'

미야자키는 중년을 위한, 자기 자신을 위한 작품을 만들고자 했다. 미야자키는 중년이 되어 배가 나온 자신을 돼지로 나타냈다. 만화나 낙서는 물론이고, 〈붉은 돼지〉에서는 자신을 검은 안경을 낀 돼지로 나타낸 것이다. 사실 돼지는 '괜찮은 면도 있지만, 겉모습 때문에 외면당하는 동물'이다. 포르코 롯소는 세상의 편견에 반해, 돼지를 높이 산다. 사람들이 돼지를 싫어하니 돼지가 되면 사람들과 자연스레 멀어질 수도 있다. 진흙탕에서도 끈질기게 밥통에 머리를 처박는 돼지의 끈질긴 근성도 맘에 든다.

"사람은 나이가 들면 돼지가 된다. 이 돼지는 나의 일부다. 아드리아 해에 숨겨 둔 집을 갖고 비행정을 타고 하늘을 나는 것은 내 어릴 적 꿈이었다."

아드리아 해에 은신처를 두고 내킬 때면 비행정을 띄운다는 설정은 미야자키 자신의 어릴 적 꿈이었다.

"홍수가 나면 비행정으로 학교에 갈 수 있지 않을까라고 줄곧 공상하곤 했습니다."

포르코의 비행기도 초등학교 시절에 본 그림에 대한 기억을 토대로 디자인되었다.

돼지가 된 남자 '포르코 롯소'는 실제 인물들을 바탕으로 한다. 한 명은 무솔리니의 아들로 어렸을 때부터 하늘을 동경해 비행사가 된 '부르노'이고, 또 다른 한 명은 독일의 에이스 파일럿으로 제1차 세계 대전 때 악명이 높던 전투기 킬러 '리히트 호펜'이다. 미국 만화의 주인공 스누피도 제1차 세계 대전 당시 독일 최고의 전투기 조종사인 리히트 호펜, 일명 붉은 남작이 된 자신을 상상하는 장면이 등장한다. 부르노에게서는 '포르코 네로'라는 별명과 '지나'라는 연인이 있다는 점을, 리히트 호펜에게서는 '레드 바론(붉은 남작)'이란 색상 이미지를 따왔다.

〈붉은 돼지〉는 돼지와 더불어 '비행기'가 주인공인 영화다. 이 영화를 만들게 된 계기를 묻는 인터뷰에서 미야자키는, "제가 이런 스타일의 비행기를 좋아한다는 것이 가장 중요한 계기였습니다. 제가 그린 모든 비행정들을 좋아한다는 것을 표현하고 싶었습니다"라고 말한다.

〈붉은 돼지〉는 미야자키가 월간 『모델 그리픽스』에 연재했던

「비행정 시대」가 원작이다. 어린 시절 미야자키의 집은 비행기 공장이었다. 자라면서 비행기와 배들을 자주 보고 즐겨 그리기도 했던 것이다. 이 작품에 등장하는 비행기는 한 대만 빼곤 모두 미야자키의 상상력으로 만들어졌다.

원래 〈붉은 돼지〉는 일본 항공의 기내 상영용으로 기획되었다. 항공사에서 피곤에 지친 승객들의 기분 전환을 위해 45분짜리 영상을 만들어 달라고 요청했다. 중년 남성을 위한 비행 활극, 신나는 오락 영화를 만들어 보자.

〈붉은 돼지〉를 위해 작성한 기획서를 살펴보면 미야자키의 생각을 읽을 수 있다.

"역사를 돌아보면 하늘이 인류의 모험 장소가 된 건 그저 한순간뿐이었습니다. 자국의 번영에만 힘을 쓴 근대 국가들은 하늘을 지배했습니다. 육지의 무법자(산적)나 바다의 무법자(해적)는 있지만 하늘의 무법자는 결국 탄생할 수 없었죠. 하늘은 바다와 육지보다 더 자유분방하게 돌아다닐 수 있는 장소입니다. 이러한 하늘을 무대로 난동 부리는 악당들이 실재했다면, 또한 이에 맞서 악당들과 화려한 공중전을 펼치는 용감한 영웅들이 존재했다면, 세계는 정말로 재미있게 되었겠죠."

하지만 만들어 가면서 미야자키는 주인공에 대해 점점 더 많은 상상을 덧붙였고 덩달아 제작비도 올라갔다. 게다가 영화가 제작

되는 동안 유고슬라비아에서 내전이 일어났다. 일에 지친 중년 남자들을 위한 30~40분짜리 비행 활극은 당시 유고 내전, 소련 붕괴 등 긴박한 세계 정세를 반영하면서 진지해졌고, 상영 시간도 90분가량 늘어나 버렸다.

"이럴 바엔 차라리 장편으로 만들자고."

스즈키 도시오는 이 작품을 극장용 장편 영화로 만들 거라고 발표해 버렸다.

제1차 세계 대전이 끝난 1920년대 말, 이탈리아 아드리아 해의 외딴 섬. 전쟁의 아픔을 잊기 위해 스스로에게 마법을 걸어 돼지로 변한 공군 에이스 파일럿인 포르코 롯소는 홀로 지내며 바다의 무법자인 공중 해적들을 소탕하는 현상금 사냥꾼으로 살아간다. '자신에게 마법을 걸었다'는 설정은 미야자키가 그림 콘티 작업 중에 작화 감독과 이야기를 주고받다가 첨가되었다.

사람들은 그를 '붉은 돼지'라고 부른다. 그는 가끔 오랜 연인 지나가 운영하는 해상호텔 아드리아노에 들러 과거를 회상하며 바다의 낭만을 즐긴다.

영화의 첫 장면은 한가롭게 휴가를 즐기는 남자에서 시작된다. 바닷가 모래 해변에서 와인을 마시며 느긋하게 쉬고 있는 선글라스를 쓴 남자. 석회암 동굴 앞에는 사보이아의 새빨간 기체가 보인다. 전화벨이 울리고 남자는 얼굴을 덮고 있던 잡지를 치운다. 관객들은 남자의 얼굴을 보게 된다. 엇! 돼지다.

공중 해적 맘마 유토단* 이 여객선에서 바캉스 중인 여학생들을 납치했다는 소식이 전해진다.

"싸구려 일은 하지 않아."

요금 교섭을 하는 남자의 이름은 포르코 롯소(붉은 돼지)이다.

유괴 현장. 아이들은 재잘재잘 즐거워하며 총 쏘는 곳까지 기어 올라오는 등 되레 즐거워 보인다. 포르코와 해적은 대결을 펼친다. 꼬리날개가 떨어진 해적선에서 아이들은 차례로 퐁당퐁당 뛰어내려 헤엄을 친다.

"금화의 절반을 주마. 나머지와 인질을 놔두고 사라져라"

해적은 백기를 흔들고, 포르코의 비행선은 아이들을 태우고 간다.

맘마 유토단과의 전투가 끝난 밤, 호텔 아드리아노의 바. 드레스 차림의 지나가 샹송 〈버찌가 익을 무렵〉을 노래한다. 미국인 비행사 커티스는 그런 지나에게 반해 버린다. 호텔 바에는 포르코가 인간이던 시절 동료들과 함께 찍은 사진이 붙어 있다. 그러나 그의 얼굴은 지워져 있다.

"어떻게 하면 당신에게 걸린 마법을 풀 수 있을까요?"

---

* 이탈리아 어로 '엄마 무서워요'라는 의미.

지나는 포르코를 보며 중얼거린다.

공중 해적 연합은 커티스에게 포르코 롯소를 제거해 달라고 부탁한다.

"돼지, 나와라!"

맘마 유토단과 손을 잡은 공중 해적 연합은 포르코의 뒤를 쫓는다.

"미안하지만 이 몸은 휴가다."

포르코는 그들을 따돌리고 날아간다. 그 뒤를 파란 방울뱀 모양의 수상 전투기를 탄 커티스가 쫓아간다. 기관총이 발사되고, 포르코의 비행기는 사라진다. 커티스는 비행기를 격추했다고 기뻐하며 돌아간다. 무인도에 숨어 있던 포르코는 몸체만 남은 사보이아를 배에 싣고 화물 열차로 밀라노로 향한다.

포르코의 생사를 걱정하는 지나에게 전화가 걸려 온다.

"적당한 정도로 말랐어."

위험한 비행은 그만두라는 지나의 말에 포르코는 이렇게 답한다.

"날지 못하는 돼지는 그냥 돼지일 뿐이야."

밀라노에 도착한 포르코는 공업 지역에 있는 낡은 수리 공장에 사보이아를 맡긴다. 공장주인 피콜로와는 오랫동안 아는 사이. 미국에서 돌아온 열일곱 살의 손녀 피오가 포르코의 비행기를 설계하고 개조한다. 피오는 이탈리아 기술자가 연마해 준 목제 모노코크로 생산된 사보이아의 라인을 보고 "예쁘다"며 감탄한다. 포르코는 여자아이가 비행기를 잘 만들 수 있을까 의아해한다. 하지만 피오가 밤을 새워 가며 그린 도면을 보고 그녀의 실력을 인정한다. 설계가 끝나고 제작이 시작된다. 소녀부터 노파까지 한 가족인 여자들이 작업을 도우러 나타난다. 이 지방 남자들은 모두 돈벌이를 위해 다른 곳으로 떠났다. 피콜로는 포르코에게 말한다.

"여자는 좋아. 일 잘하고 끈덕지고 말이야."

새로운 엔진과 날개가 붙고 비행기는 완성된다. 하지만 시험 비행을 할 여유도 없이 비밀경찰이 쳐들어온다. 포르코는 비행기에 올라타고, 정비가 끝나지 않은 비행기를 끝까지 돌보겠다며 옆자리에 피오가 앉는다. 운하의 다리 밑을 몇 번이나 빠져나가며 물기둥에 흔들리면서도 사보이아는 마침내 하늘로 떠오른다. 구름은 아침 햇빛에 빛난다. 옛 동료가 등장해 추적자의 위치와 도망로를 알려 준다.

그 무렵 커티스는 지나에게 청혼한다. 영화 출연 의뢰가 들어왔다며 함께 할리우드로 가자는 것이다. 먼 곳에서 빨간 비행정이 날아온다. 지나는 비행기를 보며 포르코가 마르코였던 시절, 소녀였던 자신과 처음으로 비행정에 올라탄 시절을 떠올리며 제안을 거절한다.

비밀경찰은 따돌렸지만 이번엔 공중 해적들이 따라붙는다. 피오는 사보이아를 도끼로 부수려 하는 그들에게 "당신들 그러고도 비행기 조종사인가요?"라고 대든다. 피오는 어린 시절부터 할아버지에게 들었던 말로 해적들을 설득한다.

"비행정 조종사는 뱃사람보다 용감하고, 육지의 비행기 조종사보다 긍지가 높다."

"그들에게 가장 중요한 건 여자도 돈도 아니다. 명예다."

좋아, 그럼 정정당당하게 대결하자.

맘마 유토단의 보스는, 포르코와 커티스의 일대일 승부에 심판을 맡는다. 커티스는 이번에는 피오에게 단숨에 반해, 포르코에게 이기면 결혼을 해 달라고 우겨 댄다. 피오는 그 제안을 받아들이고, 만약 포르코가 이기면 커티스가 사보이아의 수리비를 책임지라고 한다. 포르코와 피오는 "우리는 운명 공동체다"라고 악수를 한다.

포르코는 피오 나이 때 맨 처음 단독 비행을 했다. 아직 조종사의 꿈과 인간에 대한 신뢰를 잃지 않은 피오를 보며, 포르코는 인간이 그리 나쁜 존재가 아니라는 생각을 한다.

결전 전날 밤. 포르코는 알코올램프의 불빛으로 쓸 만한 탄환을 골라 낸다. 피오는 그 순간 포르코의 얼굴이 인간으로 변한 것을 보고 놀란다. 하지만 말을 걸자 다시 돼지 얼굴로 돌아간다.

"뭔가 얘기해 줘요. 그럼 잘 테니까."

보채는 피오에게 포르코는 전쟁 시대 최후의 여름에 일어난 일을 얘기해 준다. 포르코가 인간이었던 시절의 이야기를.

전쟁이 한창이던 때, 포르코는 아드리아 해로 출격했다가 오스트리아 해군 비행정과 만났다. 적도 아군도 차례로 추락하고 자신도 위험에 처한 그때, 갑자기 눈앞이 하얘진다. 정신을 차리니 비행기는 구름 평원에 떠 있다. 저 옆으로 친구 베르리니의 비행정이 보인다. 그는 지나와 결혼한 지 얼마 안 된 새신랑이다. 적의 비행기들이 나타나고, 베르리니의 비행정이 높이 떠오른다.

"베르리니, 가지 마! 지나는 어쩔 셈이야! 내가 대신 갈게."

뒤쫓아 가려 하지만 기체는 움직이지 않는다. 하늘에는 이미 몇백 대의 비행정이 별무리처럼 흘러 떠간다. 친구는 죽고 포르코만 살아남는다. 그 슬픔으로 포르코는 스스로 돼지가 되었다. 피오는 비로소 포르코를 깊이 이해하게 된다.

결전의 날. 무인도에서 대결이 펼쳐진다. 누가 이길 것인가. 그리고 붉은 돼지는 어떻게 인간으로 돌아오게 되는가.

1992년 개봉된 〈붉은 돼지〉는 스필버그의 〈후크〉와 디즈니의 〈미녀와 야수〉를 제치고 그해 일본에서 공개된 영화 중 최고의 흥행 성적을 거두었다. 1993년 프랑스에서 열린 앙시 국제 애니메이션 페스티벌에서는 장편 부문 대상을 수상했다. 전 해에 개봉한 〈추억은 방울방울〉은 흥행 관계자들의 걱정에도 불구하고 그해 일본 영화 중 최고의 히트를 기록한다. 이 작품의 성공으로 두 배의 임금

지급과 신인 채용이라는 미야자키의 소망이 이루어진다.

또한 〈붉은 돼지〉가 완성되던 무렵 새로운 스튜디오도 모습을 드러냈다. 영화 개봉과 함께 직원들은 새 스튜디오로 이사를 갔다. 지하1층, 지상 2층의 유럽풍 건물에는 지브리의 작품들이 알차게 모였다. 1층 입구의 천장은 지금까지 만든 애니메이션 그림들이 수놓았다. 통로 벽에 그려진 지브리의 캐릭터들도 관람객을 반겨 맞는다. 지하 1층의 영화관에서는 단편 영화가 상영된다. 어둠에 익숙지 않는 아이들을 위해 영화관 곳곳에 창문이 나 있다.

영화관을 나서면 애니메이션의 제작 과정을 보여 주는 공간이 나타난다. 여러 장의 셀을 빨리 돌리면 마치 움직이는 것처럼 보이게 하는 장치, 영사기 여러 대를 연결한 장치, 피사체와 배경을 합치는 공정 등, 애니메이션을 만드는 데 필요한 다양한 기계들이 구비되었다. 위층으로 올라가면 제작 현장이 모습을 드러낸다. 캐릭터를 그리는 작업장인 '소년의 방'과 배경 화면을 그리는 '소녀의 방', 셀에 색칠하는 공간, 색칠된 그림을 카메라로 찍는 과정을 보여 주는 공간 등을 둘러보게 된다. 이 밖에 2층에는 아이들 놀이 공간과 기념품 가게, 미야자키 하야오 감독이 추천하는 책 등 다양한 볼거리가 즐비하다. 스튜디오 건물은 미야자키의 세계를 한 편의 영화처럼 펼쳐 보인다. 건물 자체가 한 권의 책인 셈이다.

5장

미야자키, 미야자키를 넘어서다

미야자키, 은퇴를 선언하다

"이제 슬슬 은퇴해야 할 것 같습니다."

미야자키는 인터뷰에서 은퇴 의사를 밝혔다.

"시력은 나빠지고, 엉덩이와 허벅지, 어깨 결림까지 몸 구석구석이 고장 난 상태입니다."

과로가 원인이었다. 작품을 만들 때마다 이미지 보드를 그리고, 스토리 보드를 만들고, 제작 과정에서 구도 설정과 원화 제작을 체크하는 데다가, 미술, 디자인에 신경 쓰고 시나리오까지 쓰니 몸이 배겨 내질 못했다. 완벽주의도 한몫 거들었다.

"애니메이터들은 그림이 움직이게 도와주어야 합니다. 만약 내가 다른 사람들을 시킨다 해도 대부분은 직접 고쳐야 직성이 풀립니다."

일만 하다 보니 가족과 함께하거나 여가를 누릴 시간도 거의 없었다. 사실 은퇴 의사는 예전부터 밝혀 왔던 바였다.

"나는 그림을 직접 그리기도 하는 감독이라는 것을 기억하십시오. 지금과 같은 활동을 오래 유지하지는 못할 겁니다. 그리고 누군가가 권하기 전에 스스로 은퇴할 생각입니다. 무엇보다 희미해지는 시력이 마음에 걸립니다."

고집을 부리며 자리를 지켜서 제대로 된 작품을 만들지 못할 바에야 차라리 스스로 물러서는 편이 낫다.

1994년 지브리는 처음으로 TV용 장편 애니메이션 〈바다가 들린다〉를 제작한다. 당시 20~30대 젊은 스태프들이 중심이 되어 만들어진 이 작품은 '신속, 저렴, 양질'을 목표로 70분짜리 텔레비전 스페셜판으로 제작되었다. 17.6퍼센트라는 괜찮은 시청률을 거두고 평가도 좋았지만, 제작 기간과 예산을 초과하여 TV용 애니메이션은 지브리의 숙제로 남는다. 은퇴선언을 했더라도 무책임하게 그만둘 수 없었다. 미야자키는 늘 "참신하고 재능 있는 감독을 발굴하여 키우고 싶다"고 말했지만, 일을 도맡아 줄 마땅한 후배가 없었다.

"제 역할은 한정돼요. 씨를 뿌리고 물을 줄 순 있지만 나지 않는 싹을 억지로 꺼낼 순 없죠."

꽤 많은 지브리 애니메이터가 미야자키의 연출 제안을 받았지만, 한달이 못 돼 손을 뗐다.

"다들 장에 탈이 나서 입원을 했어요."

미야자키 하야오라는 압박을 견뎌 내지 못한 것이다.

하지만 미야자키가 은퇴하면 지브리 스튜디오는 어떻게 되는가?

다수 감독의 작품을 골고루 제작하는 보통의 스튜디오와 달리 지브리 스튜디오는 미야자키, 다카하다의 작품만 집중적으로 만들었다. 지브리 스튜디오가 너무 미야자키라는 한 사람에게만 기댄다는 비판도 받았던 터다.

당시 미야자키 하야오의 나이 쉰여섯 살, 다카하다 이사오는 예순두 살이었다. 선배와 후배가 3각 구도를 이뤄야 이상적인데 지브리는 그저 고령화되어 늘어졌다. 징검돌이 되어 선배와 후배를 이어 주는 사람이 필요했다.

곤도 요시후미가 그 역할을 해 주지 않을까.

"이번에 자네가 감독을 맡아 작품을 만들어 보는 게 어떤가?"

미야자키는 30여 년 전 〈삐삐 롱 스타킹〉의 로케이션을 위해 북유럽에 갔을 때 곤도 요시후미를 처음 만났다. 그 여행으로 의기투합한 두 사람은 줄곧 일을 같이 했다. 〈빨강 머리 앤〉에서부터 〈붉은 돼지〉까지 작화 감독, 원화, 캐릭터 디자인을 맡아 활약했던 바다. 1950년생인 곤도 요시후미도 젊지는 않았다. 하지만 미야자키와 다카하다가 도에이 시절부터 고집한 정신과 배워 온 기술을 지키면서 경제 성장 시기에 청춘을 보냈기에 지브리가 새로운 세기로 나가기 위한 역할로 적격이었다.

"지브리의 미래를 자네에게 맡김세."

곤도 요시후미의 감독 데뷔가 결정되었다.

데뷔작은 〈귀를 기울이면〉.

사춘기 시절 사랑 이야기가 펼쳐진다. 책벌레인 여중생 시즈쿠는 책을 읽다가 도서 카드에서 몇 번이나 세이지라는 이름을 발견한다.

'나랑 같은 책을 읽는 세이지는 어떤 아이일까?'

이런저런 상상을 하던 시즈쿠는 대출받은 책을 잃어버리고, 드디어 세이지를 만난다. 계획대로라면 미야자키의 기본 안을 곤도가 콘티로 정리하기로 했다. 하지만 곤도가 레이아웃 작업에 공을 들이는 바람에 중반부터는 미야자키의 그림이 그대로 콘티가 되어 버렸다.

〈귀를 기울이면〉에서 시즈쿠가 상상하는 세계는 이노우에 나오히사의 작품을 바탕으로 했다. 화가 이노우에 나오히사는 수많은 점을 찍어 '이바라드'라는 환상 세계를 펼쳐 보였다.

"이렇게 뛰어난 발상으로 가득한 사람이 있었다니……!"

전시회에 간 미야자키는 감탄을 연발했다고 한다. 미야자키는 한 장 한 장의 그림이 움직여 배경을 만들어 가길 원했다. 컴퓨터

그래픽 합성에 의해 10여 장의 그림들이 가위로 오려지듯이 환상적인 세계를 만들어 갔다.

〈귀를 기울이면〉을 만들면서 미야자키는 단편 〈On Your Mark〉를 감독했다. 인기 듀엣 '차게 & 아스카'는 미야자키에게 자신들의 뮤직 비디오를 만들어 달라고 부탁했다. 음악 애호가인 미야자키는 선뜻 받아들였다.

〈On Your Mark〉는 6분 40초짜리 단편이지만, "스토리로 보자면 20분 분량의 작품이다"라는 미야자키의 말마따나 짧은 시간 동안 감동과 메시지를 전달한다. 아무 대사 없이 노래와 음향만으로 구성된 실험성이 돋보였다. 미야자키는 음악을 듣고 나름대로 작품을 해석해 냈다. "언제나 뛰어 나오면 유행성 감기에 걸렸다"는 가사에서, '유행성 감기'를 '지구 역사 전체에서 본 인간의 역사'를 떠올렸다. 노랫말을 곧이곧대로 받아들이는 것이 아니라, 지구의 역사를 사람으로, 인간의 역사를 유행 감기에 빗댔다. 자신만의 독특한 상상력으로 가사를 해석하고 이미지를 만들어 낸 것이다.

방사능 오염으로 더는 지상에서 사람이 살지 못하는 미래의 지하 도시. 기습대원 둘은 사이비 종교 단체를 소탕하던 중 날개 달린 소녀를 발견하고 구출한다. 소녀는 구급 헬리콥터로 연구소로 이송된다. 둘은 초라한 술집에서 술 한잔을 들이키며 잊으려 하지만, 자꾸만 소녀의 모습이 떠오른다. 생체 실험을 당할 소녀를 못 본 체할 수 없다. 두 사람은 소녀가 감금된 연구 시설에 잠입해 장갑 순찰차를 빼앗아 도주한다. 고가 도로에서 추격자를 뿌리치고 도시를 탈출하는 데 성공한다. 그들을 태운 자동차는 위험 지역 표시에도 멈추지 않고 질주한다. 이윽고 도달한 바깥 세계에는 초록 들판이 넓게 펼쳐졌다. 한 사람이 소녀의 손을 잡고 올리자 소녀의 몸이 둥둥 떠오른다. 소녀는 운전석의 남자에게 미소 짓는다. 잡고 있던 손에 입 맞추고 놓아 주자 소녀는 하늘로 날아오른다. 잠시 자동차를 따라가던 소녀는 손을 흔들며 구름 저편으로 떠오른다. 환한 점이 되어 사라진다.

일을 할 때면 미야자키는 늘 음악을 틀어놓았다. 좋아하는 음악은 테이프가 닳도록 들어 자기 것으로 만들었다. 연주곡보다는 가사가 있는 노래를 좋아했는데 "노래 속에 드라마가 응축되어 있기" 때문이란다. 미야자키는 귀가 예민한 것으로도 유명하다.

"아까 그것도 딱히 좋지 않았는데, 이번 것도 그다지 맘에 안 들어."

〈붉은 돼지〉를 만들 때는 마음에 드는 비행기 소리를 찾기 위해 독일까지 녹음을 하러 갈 정도로 소리의 완벽성을 추구했다. 종래의 효과음으로는 비행정 소리가 전쟁 소리처럼 들릴 뿐이었다. 그는 일본 항공을 통해 프랑스의 옛날 비행기 마니아가 사는 곳에 녹음감독을 보내 작품을 위한 효과음까지 준비했다. 애니메이션은 음악이나 소리가 차지하는 몫이 만만치 않다.

미야자키와 단짝인 작곡가 히사이시 조는 〈바람계곡의 나우시카〉부터 작업을 같이 했다. 히사이시는 음악을 만들 때 반 년 전에 이미지 보드나 미야자키와의 이야기를 통해 스토리를 익히고 이미지 앨범을 만든다. 이미지 앨범으로 작품의 테마가 될 만한 몇 개의 이미지를 표현한다. 이를 바탕으로 '어느 테마를 어느 장면에 삽입하는가?'를 미야자키와 세밀한 부분까지 의논한다. '이런 부분은 이런 분위기로, 저런 부분은 저런 이미지로 하면 어떨까?'라는 식으로 다소 뜬구름 잡는 얘기를 나누면서 감정을 교류한다. 그러면서 이야기와 음악을 결합시키는 것이다.

1995년 드디어 곤도 요시후미의 데뷔작 〈귀를 기울이면〉이 극장에 걸렸다. 〈Take me home country road〉를 '콘크리트 로드'로 바꿔 부르는 소녀와 바이올린 제작자가 되고 싶은 소년의 사랑 이야기에 청소년들의 고민이 더해진다. 뭔가 하고 싶어도 잘할지 확신할 수 없다. 좋아하지만 소질이 없으면 어쩌지? 이런 두려움은 우리 모두가 안고 있다. 하지만 두 주인공은 자신의 꿈으로 나아가며 자신이 누군지 알아 간다. "처음부터 완벽할 필요는 없어." 한 걸음, 한 걸음 옮기며 길을 만들어 간다. 〈귀를 기울이면〉은 개봉 당시 일본 흥행 1위를 기록하며 사람들의 사랑을 받았다. 천재 신인 감독이 탄생했다는 찬사가 쏟아졌다. 미야자키는 곤도 요시후미를 지브리 스튜디오의 후계자라고 발표했다.

그러나 1998년 1월 21일 새벽, 전화벨이 울렸다. 전화를 받은 미야자키는 한동안 말을 잃었다.

곤도 요시후미의 죽음을 알리는 전화였다. 스트레스로 인한 동맥류가 사망 원인이었다. 세 살 때 폐병을 앓았던 그는 몸이 약했다. 보통 사람도 버텨 내기 힘든 애니메이션 작업을 하느라 입원도 자주 했다. 하지만 그는 죽기 직전까지 자기가 하고 싶은 일을 다하다 세상을 뜬 것이다. 아까운 천재의 요절에 애니메이터들은 술렁거렸고, 다카하다와 미야자키는 고인의 넋을 기렸다. 관 위에 국화꽃이 놓였다. 데뷔작을 유작으로 남기고 곤도 요시후미는 세상을 떠났다.

살아라! 그대는 아름다워 〈원령 공주〉

"이 작품은 제 최후의 대작 장편이 될 것입니다."

1997년에 제작비 20억 엔, 상영 시간 133분의 장편 〈원령 공주〉
가 기획된다. 미야자키는 이 작품만 끝나고 은퇴할 뜻을 굳혔다. 이
작품으로 진을 뺄 테니, 앞으로 체력이 달려 다른 작품을 만드는 건
불가능하다는 판단에서였다. 마지막이란 마음가짐 때문인지, 이
작품에는 이제껏 미야자키가 추구했던 모든 세계가 응축되어 나타
난다.

〈원령 공주〉는 일본 민담에 뿌리를 둔 작품이다. 1998년 대학의
토론회에서 미야자키는 민담이 상상력의 보물 창고이며, 아이디어
를 끄집어내는 데 보탬이 된다고 말하면서 모반 공주 이야기를 예

로 들었다.

"태어날 때부터 큰 점을 가진 공주를 주인공으로 영화를 만들까 합니다."

1970년대 후반, 미야자키는 숲 속에서 야생 동물과 함께 살아가는 공주 이야기로 새로운 영화를 기획했다. 귀족의 셋째 딸인 공주가 야생 동물의 신령 모노노케(원령)와 결혼하는 얘기다. 커다란 산고양이를 닮은 모노노케는 억지 결혼으로 얻은 공주의 마음을 얻으려고 하지만 뜻대로 되지 않는다. 공주는 그저 악령에 홀린 아버지를 구하고 싶을 뿐이다. 결국 모노노케는 고향으로 돌아가려는 공주를 위해 목숨을 버린다.

하지만 기획서는 받아들여지지 않았다. 1993년에 미야자키는 이 이야기를 그림과 줄거리만 모아 그림책으로 만들었다. 언젠가 영화화시킬 거라는 생각에 "극장용 장편 애니메이션 영화화 결정"이라는 띠지까지 둘러 출판했다.

"계속해서 하지 않으면 안 된다고 생각하면 언젠간 할 수밖에 없다"

맨 처음 이야기를 구상하던 때부터 15년이 흘렀다. 그리고 마침내 미야자키는 공주의 이야기를 만들기로 결심했다. 〈붉은 돼지〉 이후 미야자키는 "좀 더 본질적인 영화를 만들지 않으면 소용없습니다"라며, 일본을 배경으로 한 영화를 만들겠다고 선언했던 바였다.

1994년 미야자키는 〈원령 공주〉의 시나리오를 쓰기 시작한다. 민담의 간략한 줄거리에 살을 붙여 갔다. 일단 모노노케와 강제로 결혼한 공주를 모노노케로 바꿔 놓았다. 그리고 낯선 곳으로 떠나 모험을 하는 소년 아시타카가 남자 주인공으로 등장한다. 여행을 떠나는 주인공은 이야기의 단골 주인공이다. 어떤 사건 때문에 주인공은 정든 곳을 떠나 낯선 세계로 향한다. 우연히 누군가를 만나고 도움을 받고, 악인과 싸워 가며 점점 성장한다. 미야자키 작품에서 여행은 모험의 형태로 많이 나타난다.

'천벌을 받아 산고양이로 변한 소년'이라는 미녀와 야수 식의 설정은 '타타리 신의 저주를 받아 죽음을 앞둔 소년'으로 바꾸었다.

모반 공주의 큰 점은 아시타카가 받은 저주의 상징인 화상 자국이 된다. 미야자키는, 팔의 상처가 낫지 않는 아시카타는 현대인으로 말하면 "아토피에 걸린 소년"이라고 말한다. 아시타카의 저주받은 팔은 검은 뱀과 같은 증오를 뿜어 낸다. 그는 그것을 필사적으로 막으려고 한다.

인간을 증오하는 소녀 '산'과 죽음의 저주를 받은 소년 '아시타카'는 변화하는 시대에 마주친다. 민담이 구체적인 시공간을 배경으로 하지 않는다면, 〈원령 공주〉는 일본 역사의 한 시기를 무대로 삼는다. 16년 전(1982)에 미야자키는 이 작품의 구상 일부를 말한 바 있다.

"재미있는 이야깃거리가 될 만한 비비 퇴치라든지 지네 퇴치라는 게 옛날에는 많이 있었는데 전후에는 사라져 버렸지요. 그 대신 샐러리맨의 시점으로 무사를 본다든가 하는 식으로 역사를 실용적인 눈으로만 봤어요. 하지만 저는 미지의 거친 부분이 남아 있던 시대를 무대로 SF적인 발상도 포함시킨 좀 더 장대한 스케일의 이야기가 만들면 좋겠다고 생각했죠. ……그것이 역으로 세계에 통용되는 영화가 될 수 있지 않을까라는 느낌이 듭니다."

〈원령 공주〉는 14세기에서 16세기 일본의 무로마치 시대를 배경으로 삼는다. 왜 무로마치 시대인가?

"산이나 숲은 신이 사는 성지라는 믿음이 붕괴되기 시작한 것이 무로마치 시대부터이므로, 이것은 역사적인 사실이라고 해도 좋다고 생각합니다."

미야자키는 그 시대에 일본인들이 자연을 경배의 대상이 아니라 통제의 대상으로 생각하기 시작했다는 점에 흥미를 느꼈다. 무로마치 시대 이전에 숲이나 자연은 신이 사는 신비로운 곳이었다. 하지만 무로마치 시대의 일본인들은 원시림을 베어 농토를 만들고 철을 생산해 냈다. 중세에서 근대로 넘어가는 과도기로, 인간과 자연의 관계가 바뀐 시점이다. 이 시대를 배경으로 한 작품에서 의례 나올 법한 무사, 영주, 농민은 거의 보이지 않는다. 등장인물은 원주민, 유랑민, 유녀, 나병 환자 등이다. 〈원령 공주〉는 거대한 자연의 힘, 압제자와 맞서는 사람들, 자신을 변화시키는 주인공의 이야기다.

"일본 역사에 대해 생각하는 방법이 민속학, 농경사, 고대사 등의 다양한 변화 속에서 상당히 넓어지고 있습니다. 역사에 남아 있는 영웅 호걸이나 귀족들의 역사가 아닌 서민의 역사 또는 산속에 살고 있는 사람들의 역사지요. 그런 것들 속에는 단일 민족이라고 묶어 버릴 수 없는 복잡함과 풍부함이 있어요. 만드는 사람이 그것을 발견하지 못하는 한 재미있는 시대극 따위는 불가능하다고 생각합니다."

『바람계곡의 나우시카』의 만화 작업 때 미야자키는 애니메이션에서보다 정화되는 자연과 인간, 쉽게 화해할 수 없는 인간과 인간의 싸움을 보다 정성껏, 묘사했다.

자연과 인간의 문제에 대해 다시 한 번 영화로 부딪쳐 보자. 게다가 인간과 자연은 근원적으로 공생 따위는 가능하지 않다는 현실을 애니메이션 〈바람 계곡의 나우시카〉 이상으로 직설적으로 묘사해 보자. 그런데 무로마치 시대의 자연을 어떻게 그릴 것인가? 미야자키는 고민했다.

미술 감독은 아시타카의 고향 배경이 될 만한 곳을 찾기 위해 북쪽 혼슈 지방의 고산 지대를 방문했다. 너도밤나무 원시림이 남아 있는 시라카미 산지는 유네스코가 지정한 세계 자연 유산 중 하나다. 미야자키는 미술 감독에게 당부했다.

"그림 같은 풍경이면 좋겠지만 그림이 되어서는 안 된다."

우선 눈앞에 보이는 언덕과 길이 과거에는 어땠을까를 떠올렸다고 한다. 눈앞에 보이는 전봇대와 전깃줄부터 걷어 내고 과거의 풍경을 상상했다.

미야자키는 스태프 열다섯 명과 조엽수림이 남은 최후의 장소인 야쿠시마로 야외 촬영을 나갔다. 영화에 등장하는 시시 신이 사는 숲을 묘사하기 위해서였다. 사람의 발길이 닿지 않은 듯 싶은 숲. 이곳 역시 유네스코가 지정한 세계 자연 유산으로, 지름 5미터가 넘는 300년 된 마호가니 나무를 비롯하여 독특하고 오래된 나무들이 많이 있다. 미야자키는 평소에 조엽수림 문화에 관심이 많았다. "조엽수림 숲의 생명의 숨결이 떡이나 낫토*의 찐득찐득함을 좋아하는 나에게 흘러들었어요." 조엽수림은 녹나무, 모밀잣밤나무 등 광택이 나는 잎을 가진 상록 활엽수를 일컫는다. 이 나무들은 도토리를 생산해 인간에게 먹을거리를 제공한다. 〈이웃집 토토로〉에서도 사츠키와 메이는 토토로를 만나기 전에 도토리부터 발견한다. 이 작품의 배경이 된 일본 서쪽 지역은 조엽수림이 넓게 펼쳐져 있었다고 한다.

---

* 삶은 콩을 발효한 식품.

〈원령 공주〉에서 숲과 자연은 단순한 배경이 아니다. 이 작품의 또 다른 주인공이다.

"청정하게 완성된 풍경이 지금 우리들이 자연이라고 말하는, 일본에서 본 기억이 있는 듯한 풍경이라고 생각해요. 이것을 우리는 자연이라고 부르고 있지만, 실제로 그 이전에 깊고 무서운 자연이 있었고, 그때의 기억은 자신들의 마음 깊숙한 곳에 있다는 거죠. 산속에는 사람들이 들어가 본 적이 없는 청정한 땅이 있고, 우거진 숲과 맑은 물이 있죠. 실제로 이런 형태가 일본의 가장 중심이 아닐까 생각해요. 이것이 바뀜에 따라 현재의 익숙한 형태가 되었는데요, 일본인의 정원이라는 것이 심산유곡을 바탕으로 했다는 것은 이런 자연관을 반영하죠. 그러므로 숲을 깎아서 산의 모습이 바꾸었음에도 불구하고 자신들의 마음속에는 여전히 신이 있어요. 그곳에 가장 청정한 부분이 있다는 기억이 계속 남아 있는 거죠. 나에게도 이런 기억이 자신도 모르는 사이에 심어져 있어요."

시시 신의 숲은 이끼로 덮인 각양각색 나무로 빽빽하다. 지표면은 거의 보이지 않고 군데군데 뚫린 구멍엔 물이 차 있다. 물속에서 나무뿌리들은 얽혔고, 이끼 사이에는 작은 꽃들이 피어 있다. 음향 스태프는 깊은 산속의 공기 소리를 녹음했다. 나무들이 내는 희미한 소리를 효과음으로 사용하니, 완전한 침묵보다 풍요로운 고요가 완성된다.

1994년 8월 미야자키는 스토리 라인과 이미지 보드 작성에 돌입했다. 전에는 대략적인 결말을 정해두고 작화를 시작했지만, 이 작품은 그림을 그려 가면서 결말을 찾아 갔다. 미리 정해 둔 주제로 작품을 만들어 가는 것이 아니라, 만들어 가며 주제를 발견해 나간다. 당초 두 시간 예정이었는데 15분이 늘어났다. 미안한 마음에 미야자키는 레이아웃도 그리고 원화도 직접 그렸다. 개봉 일자가 3개월 지연되었고, 지브리 바깥의 일손과 컴퓨터의 힘도 빌렸다.

어떤 비평가는 이 작품이 미야자키와 지브리 스튜디오의 성과물이 총동원된 작품이라고 말한다. 문명의 파괴력은 〈바람계곡의 나우시카〉, 잃어버린 전원을 연상시킨다는 점에서 〈이웃집 토토로〉, 남자 주인공 아시타카는 〈붉은 돼지〉의 마르코를 닮았고, 산은 자신의 백성을 지키는 공주라는 점에서 나우시카와 닮은꼴이다.

개봉을 앞두고 사람들은 걱정했다.

시대극은 인기가 없는데, 목표 수입인 60억 엔은 무리다. 게다가 같은 시기에 스필버그의 〈잃어버린 세계〉가 개봉되었다. '과연 누가 이길까?' 술렁거리는 분위기였다.

1997년 7월에 〈원령 공주〉가 사람들 앞에 모습을 드러냈다. 전국 260개 극장(일본 최다)에 상영되었다. 사람들이 몰려들었다. 경찰관이 나서서 교통정리를 해야 할 정도로 만원사례가 이어졌다. 〈잃어버린 세계〉를 제치고 개봉 두 달 만에 천만 관객을 돌파했다.

일본 국민의 10퍼센트가 이런 장면으로 시작하는 영화를 본 셈이다.

너도밤나무 숲.

나무 한 그루가 뿌리째 쓰러진다. 검은 형체들이 꿈틀거리고 스크린에 〈원령 공주〉 타이틀이 떠오른다. 오프닝에서는 인간이 단한 명도 등장하지 않는다. 자연이 주인공이다.

어느 날 마을에 괴물이 쳐들어온다. 온몸이 촉수로 둘러싸인 네 발짐승은 마을로 돌진한다. 뱀처럼 꿈틀거리는 검고 미끈미끈한 촉수는 섬뜩하다.

"저것은 도대체 뭘까?"란 질문에 미야자키는 이렇게 대답했다.

"내게 있는 것이기 때문에 모든 사람들에게 공통적으로 있지 않을까 생각하고 있는데요. 때때로 화가 치밀어 오르면 몸 안의 털구멍에서 검고 걸쭉한 액체가 나오는 듯한 느낌이 들어요. 스스로 제어할 수 없는. 왜 이런 화가 치밀어 오를까라는 생각이 들 정도로 광폭하는 순간이 있지요."

이 괴물은 원래 멧돼지 신이었으나 분노로 인해 타타라 신(재앙신)으로 변했다. 주인공 아시타카는 영양에 올라타 괴물의 돌진을 막으려 하지만 소용없다. 괴물은 마을 소녀들에게 달려들고, 아시타카는 화살을 당긴다. 그 와중에 촉수가 아시타카의 오른쪽 팔을 휘감고 타들어 간다. 아시타카는 재앙신의 저주를 받았다. 마을 무녀의 말대로라면 아시타카의 몸은 천천히 썩어 들어가고 뼈가 부서져 버릴 것이다. 아시타카가 재앙 신의 몸에서 발견한 둥근 금속 덩이를 보여 주자, 무녀는 이 납 탄환이 멧돼지의 뼈를 부수고 내장을 쥐어짜서 잔인한 고통을 주었을 거라고 말한다.

도대체 어떤 일이 있었기에 멧돼지 신이 재앙 신으로 탈바꿈한 것일까? 무녀는 아사타카에게 서쪽 나라로 가 보라고 한다.

"거기 가서 매사를 맑은 눈으로 살핀다면, 어쩌면 저주를 벗어날 열쇠를 찾을지도 모르지."

아시타카는 저주에서 벗어나기 위해 서쪽 나라로 떠난다.

이 구상은 미야자키가 1983년에 그림 이야기의 형태로 출판한 『슈나의 여행』에 기원한다. 주인공 슈나는 가난한 나라를 굶주림에서 구하기 위해 서쪽 지방으로 황금 곡물을 구하러 떠난다.

서쪽 나라로 가던 중에 아시타카는 사무라이들이 사람들을 약탈하는 걸 본다. 사무라이들이 먼저 화살을 쏴대자, 아시타카는 눈앞에 죽어가는 사람들을 도우려 활시위를 당긴다. 어찌 된 일인지, 그가 쏜 화살은 미사일처럼 날아가 말을 타고 있던 무사의 양팔을 자르고 목을 날려 버린다. 재앙 신의 저주를 받은 팔은 불가사의한 힘을 갖게 된 것이다.

도움을 받은 승려 지코는, 더 서쪽으로 가면 생명체가 태곳적 모습을 간직한 시시 신의 숲이 있다고 말한다.

장면이 바뀌고, 사람들과 들개 일족의 싸움이 등장한다. 하얀 들개 모로 일족이 빗속에서 소를 끌고 가는 남자들을 습격한다. 호위대는 화승총*으로 모로 무리를 쏜다. 꼬리가 두 개인 암컷, 하얀 들개 모로는 300년 동안 숲을 지켜 왔다. 사람의 말을 이해하고 고도의 지능을 가졌으며, 인간 소녀 '산'을 길러 준 어머니다.

모로는 숲을 개간하고 침략하는 에보시 일당에 맞선다. 빨간 입술의 에보시는 화염 방사기로 모로 일족을 물리친다. 아시타카는 모로에게 공격당해 절벽으로 떨어져 계곡을 떠내려가던 두 명의 남자를 구해 준다. 전투로 인한 상처를 돌보려고 강에 갔다가 아시타카는, 모로의 상처에 입을 대고 피를 뽑아내는 미소녀 '산'을 보고 충격을 받는다. 모로 일행은 홀연히 사라지고, 아시타카는 비명을 지르는 남자들에게로 돌아간다. 아시타카는 불이 켜진 것처럼 떠오르는 코다마(나무의 영)를 발견한다. 작고 하얀 몸체에 얼굴에는 세 개의 구멍이 있는 코다마는 이 영화에서 유일하게 익살스런 캐릭터다. 하지만 영화 속에서 수많은 코다마가 일제히 소리 내며 움직이면 숲의 웅성거림이 느껴지고 불길한 기운이 감돈다.

코다마는 달그락달그락 소리를 내며 머리를 돌린다. 수많은 코다마는 얼굴도 머리를 돌리는 방향도 제각각이다. 장난꾸러기 아

---

* 철포 이전에 중국, 아라비아로부터 전해져 온 총.

이처럼, 부상당한 남자를 업고 가는 아시타카를 흉내 낸다. 자기들끼리 업고 업히며, 엉덩이를 실룩대며 뒤를 따른다.

부상당한 남자를 업고 숲을 빠져나가던 아시타카는 신비한 호숫가에서 쉬다가 이상한 짐승을 본다. 나무들 저편, 눈부신 빛 속으로 뿔이 난 금색 짐승이 지나간다. 그 순간 아시타카의 팔의 반점이 욱신거린다. 고통이 사라지자 나무들 저편의 짐승들도 보이지 않는다.

아시타카는 남자들이 살던 마을 '타타라장'에 도착한다. 물에 둘러싸인 성채 곳곳에서 하얀 연기가 피어오른다. 죽은 줄 알았던 남편들이 돌아오자 부인들은 "걱정만 끼치는 주제에"라고 구시렁대지만, 실은 기뻐 어쩔 줄을 모른다. 호위대장 곤자는 아시타카를 적국인 사무라이 쪽의 밀정으로 의심하지만, 에보시는 손님으로 정중하게 맞는다.

타타라장은 숲을 개간해 만든 마을로, 외부의 적을 막는 요새 역할을 한다. 아시타카는 거기서 마을을 공격했던 거대한 멧돼지의 정체를 알게 된다. 멧돼지는 에보시의 화승총을 맞고 타타리 신이 되었다는 것이다. 에보시는 산을 깎고 숲의 나무들을 벴다. 멧돼지는 그걸 막으려고 에보시와 맞섰다. 하지만 에보시 입장에서는 고아와 병자, 마을 사람들을 위해서 어쩔 수 없다. 온몸에 붕대를 감은 마을의 난치병 환자들은 대장간 일이나 주물 일을 하며 화승총을 제작한다. 이 마을만이 그들을 받아 준다. 편견에 의해 사회로부터 격리된 사람들은 에보시가 자신들을 인간 취급해 주었다고 고마워한다.

하지만 타타라 마을 사람들이 철광석을 캐려고 산을 파 들어 가고, 캐낸 철을 녹이려고 나무를 베어 내어 숲을 망치는 것도 사실이다. 철을 제련하려면 땔감과 땅이 필요하고 산에서 철광석을 캐내야 한다. 에보시는 자연을 이용하면서 살아가야 하는 인간의 입장을 대변한다. 자연은 인간으로 인해 파괴된다. 그러나 인간은 자연을 이용하지 않으면 살 수 없다. 원령 공주는 인간이지만, 자연의 편에서 인간에게 맞선다.

에보시는 '들개에게 마음을 빼앗긴 가여운 여자아이' 원령 공주 이야기를 들려준다. 아시타카는 강변에서 봤던 소녀를 떠올린다. 검붉은 문양을 그려 넣은 얼굴에 흙 가면을 쓰고 어깨에는 들개의 털을 걸친 소녀가 바로 원령 공주 '산'이었던 것이다.

그날 밤, 멀리서 들개의 울음소리가 들려온다. 산이 타타라장으로 쳐들어왔다. 뾰족한 울타리를 훌쩍 뛰어넘고 지붕 위를 들개처럼 달린다. 화승총들이 그녀를 겨눈다. 아시타카의 도움으로 일어서서 에보시에게 달려든다. 에보시도 지지 않고 검으로 반격한다. 싸움을 말리려던 아시타카는 괴력으로 둘을 기절시킨다.

아시타카는 산을 데리고 마을을 떠난다. 뒤쪽에서 실수로 발사된 화승총에 맞지만, 저주받은 팔로 호위 무사의 칼을 막고 무거운

문을 밀어 열고 성을 벗어난다.

모로 일행과 합류한 원령 공주는 결투를 방해한 아시타카에게 칼을 들이댄다. 아시타카는 힘이 다해 쓰러지면서 "그대를 죽게 하고 싶지 않았다"고 말한다.

"살아라…… 그대는 아름다워."

산은 칼을 거둔다. 항상 죽을 각오로 사는 그녀에게 이제껏 이런 말을 해 준 사람은 없었다.

산은 죽기 직전인 아시타카를 시시 신의 숲으로 데려가 연못 가운데 섬에 눕힌다. 머리맡에 작은 나뭇가지를 놓아 주고 떠난다.

잠시 후 시시 신이 모습을 드러낸다. 시시 신은 밤이면 다다라봇치라는 거인의 모습으로 숲을 횡단한다. 거인의 투명한 몸에서는 별이 빛나고 푸른빛이 번져 나간다. 시시 신의 발길이 닿은 곳에는 풀이 돋아 순식간에 성장했다가 시들어 버린다. 시시신은 아시타카 곁으로 다가간다.

이 광경을 오두막에서 훔쳐보던 지코 승은 사냥꾼들에게 야마토 조정의 문서를 보이고 시시 신 퇴치가 공인되었음을 알린다. 불로불사의 힘을 지녔다는 시시 신을 죽여 그 머리를 얻고자 한다.

다음 날 깨어난 아시타카에게 산은 말린 쇠고기를 씹어 먹여 준다. 아시타카의 눈에서 눈물이 떨어진다. 그곳으로 바다를 건너온 500살 옷코토누시가 멧돼지 일족을 거느리고 나타난다. 인간을 죽이고 숲을 지키기 위해서다.

"이대로는 우리 일족 모두 작은 바보가 될 뿐이다. 결국에는 단지 고깃덩이로 인간에게 사냥되어 먹힐 것이다. 멸망한대도, 인간에게 의지를 보여 주겠다."

눈이 먼 늙은 멧돼지는 아시타카의 오른팔에 코를 들이대고 멧돼지 신이 죽었다는 걸 안다. 더불어 시시 신이 인간을 구해 주었다는 것에 놀란다. 시시 신은 생명을 주기고 하고 뺏기도 한다. 신의 속내는 누구도 모른다.

그날 밤 모로는 아시타카에게 산의 비밀을 알려 준다.

"숲을 침범한 인간이 내 이빨을 피하기 위해 내던진 아이가 산이다."

인간은 자신을 위해 자식까지 버린다. 숲이 산을 길렀다. 모로는 숲이 죽으면 산도 죽는다고 말한다.

"그 아이를 풀어 줘요. 그 아이는 인간이에요."

절규하는 아시타카에게 모로는 말한다.

"정말이지, 인간다운 제멋대로의 생각이구나."

모로는 인간도 들개도 될 수 없는 그 아이의 불행이 쉽게 치유될 수 있느냐고 묻는다. 아사타카는 말한다.

"모르겠습니다. 하지만 함께 사는 것은 가능합니다."

에보시 일행이 숲으로 쳐들어온다. 연기를 피워 냄새를 가리고,

나무를 잘라 멧돼지들을 끌어내려 한다. 함정인 줄 알면서도 돌진하는 옷코토누시. 산은 장님 멧돼지의 눈이 되어 주겠다고 나선다.

"너에게는 그 젊은이와 살아가는 길도 있을 텐데."

모로의 말에 산은 잘라 말한다.

"인간은 싫어요."

멧돼지들은 거대한 불 지뢰에 날아가 버리고, 인간들도 죽어 간다. 마을이 사무라이들의 공격을 받아 위기에 빠졌다는 말에도 에보시는 물러나지 않고 시시 신의 목을 자르려 한다. 재앙 신으로 변하는 옷코토누시. 모로는 마지막 힘을 다해 에보시를 공격한다. 에보시는 쓰러졌다가 다시 시시 신을 향해 화승총을 겨눈다. 시시 신은 디다라봇치로 변하는 도중 머리가 떨어져 나가 버린다. 머리가 없어진 시시 신의 몸에서 흘러나온 거품은 용암처럼 흐르고, 숲은 타들어 간다.

지코는 나무통에 시시 신의 머리를 담는다. 모로는 에보시에게 최후의 일격을 가하고 에보시는 한쪽 팔을 잃는다. 아시타카는 산과 지코의 뒤를 쫓는다. 시시 신의 머리를 되찾은 아시타카와 산은 나무통의 뚜껑을 열고 함께 디다라봇치를 향해 머리를 치켜든다. 머리를 되찾은 디다라봇치는 일출과 함께 호수로 쓰러져 사라진다. 돌풍이 단번에 산불을 잡고, 들과 산에서는 풀과 꽃이 솟아오른다. 하지만 그곳은 더 이상 시시 신의 숲이 아니다. 아시타카의 오른팔의 반점은 흉터로 남는다.

"아시타카는 좋아. 그러나 인간은 용서할 수 없어."

두 사람은 서로의 마음을 확인한 채 헤어진다. 타라라장은 불타 내려앉았지만, 에보시는 다시 함께 시작할 것을 다짐한다.

〈원령 공주〉는 자연과 인간의 싸움을 다룬다. 인간은 살기 위해 자연을 이용하고, 자연은 자신을 파괴하려는 인간에게 저항한다. 이런 싸움은 영원히 반복될 것이다. 끝나지 않을 싸움에 휘말린 인간들. 모든 것을 백지로부터 몇 번이고 반복한다. 그럼에도 불구하고 싸움을 멈추지 않고 살아가야 하는 이유는 무엇일까.

〈원령 공주〉의 메인 카피는 "살아라"이다.

격려처럼 들리지만, 동시에 더 이상 이런 말은 듣고 싶지 않다는 저항감도 생긴다. 살아라, 라고 말하지만 어떻게 살아야 할지는 모르기 때문이다.

영화의 마지막, 지코 승이 바보에게 당할 수 없다고 말하지만, 그저 살아라, 라는 메시지를 보내는 건 바보 같은 일이 아닐까. 그러나 반대로 살아가는 의미를 찾지 못하고 있기 때문에 살아라, 라는 세 글자가 주제로 떠오르는 건 아닐까.

〈원령 공주〉를 보고 열네 살 소녀가 편지를 보냈다. 그녀는 따돌림으로 고통받고 있다고 했다.

등장인물들은 살 수 있을까? 숲은 타 버리고 강도 사라져 버릴지도 모른다.

그렇지만 모두 꺾이지 않고 희망을 갖고 살아갈 것이다. 이러한 것을 생각해서 나는 매일매일을 보내고 있다. 괴로운 일이 있다. 이것은 모든 사람이 마찬가지다. 괴롭지만 지고 싶지 않다. 이런 생각으로 사람들은 살아간다. 나는 여름 방학이 끝날 때면 한 번 더 〈원령 공주〉를 보고, 기운을 내서 등교할 것이다.

내가 가장 싫어하는 나약한 자신, 〈원령 공주〉는 그것을 가르쳐주었다.

센과 치히로의 행방불명

"당신은 어떤 영화를 만들고 싶습니까?"

미야자키가 신입 사원 면접 때 지원자들에게 던진 질문이다. 가장 많이 나온 답변은 현대 도쿄를 무대로 무엇을 하고 싶은지 알 수 없게 된 젊은이들이 모험을 통해 자신의 힘을 발휘하고 삶의 희망을 발견한다는 이야기.

"그것은 자기 자신의 나약함을 이해받고 싶다는 생각일 뿐이겠죠?"라며 미야자키는 발끈한다. 하지만 그것이 젊은이들의 바람이라는 건 분명하다. 자기가 누군지 모르는 젊은이들을 격려하는 이야기를 만들자.

미야자키의 오두막에 친구의 딸이 친구들과 놀러 왔다.

“너희들이 원하는 대로 해 봐라.”

풀어 주자, 아이들은 스스로 역할을 나눠 탐험을 시작했다. 어디로 가야 할지 미리 정해 두는 게 아니라, 모험을 하게 만들고 그 과정에서 자기를 발견해 나가는 소녀의 이야기를 그려 보자.

처음에는 지진으로 붕괴된 도쿄에 자전거를 타고 온 열일곱살 여자아이가 한구석에 남아 있던 상점가의 온천장에 기숙하게 된다는 〈굴뚝 화가 린〉이라는 이야기를 검토했다. 하지만 좀 더 적극적으로, 현대의 보통 여자아이를 주인공으로 삼자는 쪽으로 바꿨다. 〈센과 치히로의 행방불명〉의 주인공 치히로는 미야자키의 전작의 여주인공과는 사뭇 다르다. 미소녀도 아니며 평범한 외모다. 둔해 보이고 쾌활하지도 않다. 겁도 많고 바뀐 환경에 불안해하는 보통 소녀다.

낯선 환경과의 만남은 이사 장면으로 나타난다. 〈이웃집 토토로〉의 이사 장면이 활기차다면, 〈센과 치히로의 행방불명〉의 치히로는 이사가 못마땅하기만 하다. 아버지가 운전하는 차 뒷좌석에서 뚱한 얼굴로 투덜거린다. 친구에게 받은 스위트피 꽃다발을 보고 치히로는 생각한다.

‘처음으로 받은 꽃다발…… 이별의 선물.’

치히로는 이사를 가는 것이 못마땅하다. 어린이는 어른들이 집을 옮기면 무조건 따라가야 한다. 하지만 친구들과 헤어지는 것은 고통스럽다. 낯선 환경에 적응하는 것이 겁이 난다. 길을 잘못 들어섰는지 포장도로가 끊겼고 차는 터널 앞에 멈춘다. 석상 앞에 빨간 문이 보인다. 부모님은 호기심에 안으로 들어가 보자고 하지만, 치히로는 내키지 않는다.

부모님은 치히로를 두고 터널 안으로 들어간다. 어쩔 수 없이 뒤따라 가야 한다. 터널을 벗어나자 건물들이 눈에 들어온다. 부모님은 음식점에 들어가고, 즐비하게 쌓인 먹음직스러운 음식을 게걸스럽게 먹어 댄다.

"치히로도 이리 와. 맛있어 보여."

부모님은 닭고기를 뼈째 씹으며 치히로에게 손짓한다. 주인도 없는 음식점에서 함부로 음식을 먹으면 어떻게 하냐고 묻자, 나중에 돈을 내면 된다고 한다. 치히로는 혼자 밖으로 나가 버린다. 돌계단을 오르니 온천장이 보인다. 다리를 건너려 하자 얼굴이 새하얀 소년이 나타나 치히로를 막는다.

"여기로 와서는 안 돼. 빨리 돌아가! 곧 어두워져."

갑자기 어둠이 내리고 상점들이 빠른 속도로 불을 밝힌다. 음식점으로 돌아간 치히로는 돼지가 된 부모님을 발견한다. 비명을 지르며 밖으로 나가자 강이 앞을 가로막는다.

"이건 꿈이야. 모두 사라져 버려."

치히로는 자기 몸이 발끝부터 투명해져 가는 걸 발견한다. '내가 사라지고 있다.' 미소년 하쿠가 다시 나타난다.

"무서워하지 마. 나는 네 편이야."

하쿠는 여기서 일하지 않는 사람은 동물이 된다고 말하며 치히로를 온천장에 취직시켜 준다.

온천장 주인은 금이빨에 커다란 머리통의 노파 유바바.

"싫어, 라든가 돌아가고 싶단 말을 하면 바로 새끼 돼지로 만들어 줄 테다."

유바바는 치히로에게 센이란 이름을 붙여 준다. 하쿠는 치히로에게 자기의 진짜 이름을 잊어버리면 돌아갈 수 없다고 당부한다.

치히로의 일터인 온천장은 화려하고 눈길을 잡아끈다. 욕탕 윗부분은 뻥 뚫려 있고, 회전식 복도가 욕탕을 감싸고 올라간다. 바깥부분에는 연회장과 객실이 자리 잡았다. 온천장에서 일하는 사람들도 각양각색이다. 욕탕에 불을 떼는 가마 할아범, 석탄을 나르는 스스와타리, 치히로에게 인사하는 법을 가르쳐 준 린, 개구리들은 종업원이고 왕개구리가 매니저를 맡았다. 손님들도 특이하다. 오물의 신이 나타난다. 다들 질색하니 별수 없이 치히로가 시중을 들게 된다. 치히로는 오물의 신을 깨끗하게 만들려고 애쓴다. 종업원들은 가시에 로프를 묶어 잡아당기는 치히로를 돕는다. 선배 종업원들은 부채를 흔들며 응원한다. 갖가지 폐품들이 욕탕 바닥에 쌓이고, 강의 신이 모습을 드러낸다. 사람들이 버린 폐기물 때문에 강의 신이 오물 신으로 변했던 것이다.

"좋구나!"

강의 신은 고맙다며 치히로에게 경단을 던져 준다. 열심히 일을 해낸 덕에 치히로는 목욕탕 직원으로 받아들여진다.

더더욱 이상한 손님은 가오나시. 일본어로는 얼굴이 없다는 뜻이다. 가오나시는 자아를 잃어버려 자기 말을 할 줄 모른다. 남의 말만 따라 한다. 미야자키는 이런 가오나시가 현대인의 어떤 모습을 대변한다고 생각했다. "모두에게 가오나시는 존재한다"는 미야자키의 말은 광고 카피로도 사용되었다. 가오나시의 노래는 다음과 같다.

외로워 외로워 나는 혼자

뒤돌아 나를 봐 줘.

치히로는 빗속에서 목욕탕 앞에 말없이 서 있는 가오나시가 불쌍해 온천장에 들인다. 가오나시는 처음엔 고분고분하다가 점차 흉포해진다. 치히로가 자기 마음을 받아 주지 않자 환심을 사려고 사금을 뿌린다. 종업원들이 몰려들고, 가오나시는 탐욕스럽게 음식을 먹다가 종업원까지 먹어 치운다. 돈을 탐하는 종업원들은 음식을 끊임없이 나르고, 가오나시는 부풀어 올라 거미 같은 팔다리를 지닌 괴물로 변한다. 치히로는 가오나시에게 홀로 맞서 그러지 말라고 하고, 경단을 먹여 종업원들을 토해 내게 한다. 원래 크기로 돌아간 가오나시는 그림자처럼 치히로 곁에 따라붙는다.

치히로는 창밖으로 수많은 종이새가 용을 공격하는 걸 발견한다. 치히로는 그 용이 왠지 하쿠가 변신한 모습이란 걸 알아챘다. 용이 유바바의 거처로 날아오른 걸 안 치히로는 걱정이 되어 탑의 위쪽으로 올라가려 한다. 용으로 변했던 하쿠가 상처를 입고 목숨을 잃을 위기에 처하자, 치히로는 가마 할아범의 도움으로 생과 사의 갈림길을 운행하는 죽음의 기차에 오른다. 편도 열차이지만, 지금껏 자신을 돌봐 준 하쿠를 구하기 위해 다른 방법이 없다.

이 작품의 출발점에서 치히로는 그저 어른들에게 끌려다니는 소녀였다. 하지만 목욕탕에서 일하면서 점차 자신이 누군지를 알아 간다. 오염 신과 가오나시를 만나고 하쿠를 구하는 여행을 떠남으로써 자기를 만들어 간다. 혼자서 헤쳐 나가야 하는 상황에 빠지면서 자기 속에 숨겨진 힘을 찾게 되는 것이다.

여행에서 돌아오는 길에 치히로는 용의 원래 이름을 기억한다. "너의 본래 이름은 코하쿠야"라는 치히로의 말에 용의 비늘이 떨어져 나간다. 둘은 손을 잡고 스카이다이빙을 하듯 떨어진다. 치히로의 눈동자에서 흐른 눈물이 방울방울 위로 날아오른다.

하쿠는 말한다.

"나도 생각났어. 치히로가 내 속에 떨어졌던 걸."

하쿠는 원래 강의 신이었고, 치히로는 어렸을 때 그 강에 빠진 적이 있다.

결국 치히로의 부모님은 사람으로 돌아온다. 치히로가 온천 탕에서 마루를 닦고 청소를 하고 열심히 일한 덕이었다. 목욕탕은 더러운 걸 씻어 내는 장소다. 강의 신은 목욕탕에서 쓰레기들을 쏟아 내고 깨끗한 모습으로 돌아간다.

라이어라는 현악기를 타면서 노래하는 독특한 스타일의 성악가가 미야자키로부터 〈굴뚝 화가 린〉의 구상을 듣고 친구에게 가사를 부탁해 만든 노래가 〈센과 치히로의 행방불명〉에서 사용된다.

산산조각 부서진 거울 위에도

새로운 풍경이 비추어진다.

시작되는 아침 조용한 창

제로가 되기 때문이다 충만해지기 때문이다.

바다에서는 더 이상 찾지 않아.

빛나는 것은 언제나 여기에

내 안에서 찾을 수 있기 때문에.

　2001년 발표한 〈센과 치히로의 행방불명〉으로 일본에서 2300만의 관객을 동원하여 일본 영화사상 제일 많은 관객을 극장에 끌어들였다. 애니메이션으로서는 처음으로 베를린 영화제에서 최우수작품상인 황금곰상을 받았고, 아카데미 장편 애니메이션상을 거머쥐었다.

하늘과 백지, 꿈을 위한 그곳

〈센과 치히로의 행방불명〉의 제작 과정을 담은 다큐멘터리에는 미야자키가 신인 원화 맨을 훈련시키는 모습이 등장한다. 식사 장면을 잘 표현하지 못하는 신인에게 미야자키는 관찰력의 부족은 물론 그가 일상생활에서 에너지가 희박한 것까지 가차 없이 파헤친다. 눈물 나게 다그친다. 단순히 기술을 연마하는 것이 아니라 애니메이터의 자질, 예술가로서의 자세까지 가질 것을 독려한다. 미야자키는 애니메이터를 몰아붙이고 극한의 힘까지 끌어내려고 한다.

"움직임 그 자체가 지니고 있는 필연성 같은 것과 '이것이 좋다'라고 스스로 느끼는 그런 선이 어딘가에 분명히 있을 거예요."

미야자키는 신문 칼럼에서, 아직껏 디즈니에서조차 우수한 신인을 양성하는 것이 불가능했다고 쓰고 이렇게 말을 이었다.

"어떤 식으로든 위치를 바꿔서 그리면 또 다른 움직이는 모습을 표현할 수 있다는 것을 가르쳐 줄 수 있습니다. 그러나 왜 움직이게 하고 싶은지, 왜 그러한 움직임을 보이고 싶은 건지는 가르치지 못합니다. 자기가 깨달아야 합니다. 가르쳐 준다면 강제하는 것밖에 안 되니까요."

미야자키가 자신의 마음을 미래의 애니메이터들에게 보낸 편지에 담았다.

애니메이터가 되고 싶어하는 젊은이들에게

젊을 때는 누구나 '빨리 한 사람의 몫을 하고 싶다'라는 마음 때문인지 단기간에 기술을 익히고자 한다. 아직 애니메이터의 길로 뛰어들지 않은 사람까지도 기술을 운운하며 이 방면의 지식을 얻으려고 한다. 그러나 실제로 이 세계에 들어오면 애니메이션의 기술을 금방 마스터할 수 있다.

고교 시절부터 때때로 궁금해할 수 있다. 과연 대학에 가야만 하는가? 아니면, 애니메이터가 되어야 하는가? 그럴 때 나는 가능하면 대학에 진학하여 4년간 대학 생활을 즐기면서 하고 싶은 그림 공부를 충실히 할 것을 권하고 싶다. 왜냐하면 4년 먼저 이 길에 들어선다고 해서 그만큼 빨리 애니메이터로서 완성의 단계에 이르는 것이 아니기 때문이다. 이 길에 들어오면 '앗!' 하는 사이에 일이 밀려들고 이미 자기 자신을 위해 투자할 시간은 없어진다.

그림이라는 것은 열심히 그리면 어느 정도까지 능숙해진다. 그 때문에 이 세계에 뛰어들기 전에—다시 말해 자신만의 시간이 있는 동안에 이것저것 공부하고 사물을 보는 방식이나 사고방식 등—기초적인 분야를 다져 주었으면 하는 것이다.

만약 그러지 않으면 자기 인생을 '소모품'처럼 취급하게 되어 버린다. 어떻든 이 세계에서 '뒤처짐'의 시간은 길다. 수업 시기인 그 기간을 견디면서도 자신의 것을 발휘할 수 있는 기회를 계속 기다린다. 그 기회는 좀처럼 찾아오지 않는 데다가 무척 운이 좋지 않은 한 잡기 힘들다고 말해도 좋다.

참고 견디는 것은 매우 힘들고 괴로운 일이다. 그렇지만 자신의 것을 마음에 품고 계속 생각을 더듬어 나가는 것이다. 도중에 그것을 피한다면 남은 길은 다만 단순히 연필을 놀리며 '얼마가 남을까?'하면서 '돈'을 목표로 살든가, 자신이 만든 작품의 '시청률'의 높고 낮음에 울고 웃을 수밖에 없다.

애니메이션에 많은 관심을 가져 주는 것은 좋지만 단지 장난으로 빠져들어 가지 않았으면 한다. 애니메이션의 역사가 아직 오래되지 않았기 때문에 명작이라고 할 만한 것은 많지 않다. 그러나 명작은 반드시 봐야 하고 그와 함께 몇 백 년의 전통이 있는 분야에도 관심을 가져 지식의 폭을 넓혀 주었으면 한다. 그러한 노력 속에서 '자신의 것'이 태어나기 때문이다.

밖에서 보면 애니메이션을 만드는 세계가 화려해 보이고 보람 있는 일로 생각되기도 할 것이다. 확실히 화려한 면도 있고, 나도 이 일을 보람 있는 일이라고 생각한다. 그러나 화려한 것은 극히 작은 부분이고, 나머지 가려져 있는 많은 부분은 매우 평범하다.

현재 애니메이션에 종사하고 있는 젊은 사람들 중에는 단지 애니메이션이 좋다는 이유만으로 갑자기 뛰어든 사람도 꽤 있다. 이들에게 차이카*가 어떠한 이미지로 날고 있는지를 묘사해 달라고 하면 자신이 과거에 보았던 TV 애니메이션의 이미지밖에 나오지 않는다. 그걸로는 불가능하다.

자기만의 이미지로 '날리려고 한다'면 비행기에 관한 책을 한 권이라도 읽은 다음에 이미지를 부풀렸으면 한다. 비행기 역사에 관한 책을 읽으면 이고르 시코르스키라는 인물을 만나기 마련이다. 시코르스키는 1913년에 세계 최초로 4발 복엽기를 만들어 러시아 하늘을 난 사람으로, 미국으로 건너가서는 1941년 단회식 헬리콥터를 발명했다.

시코르스키는 4발식을 타고 러시아 하늘을 날며 비행기에서 밥을 먹었고, 엔진이 고장 났을 때는 날개에 붙은 지주를 잡고 조종석에 서

---

* 〈미래 소년 코난〉의 비행정.

있었다고 한다. 풍압을 이겨 내며 비행기를 조정하는 남자의 모습, 이것이 하늘을 난다는 것의 의미다.

언젠가 본 TV애니메이션이나 프라 모델의 흉내로는 물론 밀폐된 제트 여객기 좌석에 앉아 있던 경험만으로는 '하늘을 날고 싶다'는 이미지가 만들어지지 않는다.

애니메이션 제작이라는 세계에 들어가 보면 책을 읽고 공부하거나 뛰어난 이미지를 창조할 여유조차 없는 현실 속에서 작품을 계속해서 만들어 가는 것이 얼마나 힘든 일인지를 알게 된다. 그렇다면 과연 무엇을 위해서 애니메이션을 만드는 것인가? 그저 먹고살기 위해서 만드는 것인가? 라는 문제를 생각하게 된다. 반복해서 말하지만, 그렇게 되지 않기 위해서라도 모두에게 공부하라고 부탁하고 싶다.

젊은 시절 미야자키는 〈동물 보물섬〉이란 작품을 만들었다. 보물섬의 지도를 우연히 손에 넣은 소년 짐이 통나무배를 타고 떠나다, 돼지 실버 선장에게 잡혀 해골 섬으로 간다. 거기서 보물섬의 지도를 그렸던 대해적의 손녀 캐시와 힘을 합친다. 캐시는 짐에게 보물섬에서 보물을 찾게 되면 어떻게 할 거냐고 묻는다. 미야자키는 사람에게 보물이란 도대체 무엇인지 스스로에게 물었다.

"보물이라는 것은 돈일까, 일생을 속 편하게 살 수 있는 돈? 만약 큰돈을 손에 넣으면 뭘 할 수 있을까? 재미있는 일은 떠오르지 않는다. 보물은 돈은 아닌 것 같다. 음, 보물은 그것 자체로 멋있는 거죠. 따라서 그것을 찾으러 간다는 것은 어떤 의미에서 인생 그 자체일지도 모른다.”

짐은 이렇게 대답한다.

“더 큰 배를 만들어 더 먼 곳으로 여행을 떠날 거야.”

2004년 7월 미야자키는 〈하울의 움직이는 성〉을 발표했다. 이 영화는 다이애나 윈 존슨의 판타지 소설을 원작으로 한다. 미야자키가 물러났다가 복귀해서 만든 이 작품은 원래 호시다 마모루가 만들다가 갑자기 포기했던 것이다. 2004년 11월 일본에서 개봉했다.

2005년 미야자키는 베니스 영화제에서 명예 황금사자상을 받았다. 그 후 미야자키가 만들 영화는 '나는 내 어린 소년 시절을 잃었다'가 될 거란 보도가 나왔다. 2007년 이 작품은 〈벼랑 위의 포뇨〉란 제목으로 개봉된다. 영화는 소스케란 다섯 살 소년과 인간이 되고 싶어 하는 금붕어 공주 '포뇨'를 둘러싸고 벌어지는 이야기를 담는다. 스토리의 70~80퍼센트가 바다에서 진행된다. '바다와 그 물결을 어떻게 담아내느냐라는 문제에 감독이 도전하고 있다는 것'을 보여 준다. 미야자키 하야오는 늘 자신이 만든 전작보다 뛰어난 작품을 만들려고 노력했다. 미야자키는 늘 미야자키를 뛰어넘고자 했다.

2013년 미야자키의 신작 〈바람이 불어〉가 개봉을 앞두고 있다. 하늘을 동경하여 비행기를 만드는 소년의 이야기. 미야자키 영화의 단골손님인 하늘이 돌아온다. 탁 트인 푸른 하늘은 아무것도 그려지지 않는 백지다. 미야자키는 흰 종이 위에 자신의 꿈을 펼쳐 간다. 어깨를 누르는 중력에서 벗어나 날개를 단 펜으로 꿈을 그렸다. 앞으로의 나날은 한 장 한 장의 백지, 그 위에 우리의 꿈이 펼쳐진다.

"아이들을 위한 나의 영화가 무엇보다도 현실의 세계가 심오하고 다양하며 아름다운 곳이라는 생각을 심어 주었으면 한다. 나는 아이들에게 이 세상에 태어나게 된 것이 행운이라고 말해 주고 싶다."

그 마음으로 펜은 날개를 달고 하늘로 오른다.

"달려라, 코난, 미래 소년 코난, 우리들의 코난~."

어린 시절 〈미래 소년 코난〉의 주제가를 부르며 언덕을 달음질 쳤다. 눈이 쌓인 내리막길에서 굴렀다. 무릎이 까졌고 빵가루를 입힌 돈가스처럼 그래도 나는 '코난처럼' 훌훌 털고 다시 뛰었다. 나는 힘들 때마다 좀처럼 포기하지 않는 코난을 떠올리곤 했다.

'코난이라면 이런 때 어떻게 했을까?'

어린 시절 좋아했던 만화는 일생을 함께하는 친구 같다. 좋은 작품은 사람들의 마음이나 세상을 보는 눈을 바꿔 놓는 힘을 가진다.

일본 여행을 갔을 때 지브리 스튜디오를 찾았다. 역에서 고양이 버스를 집어탔다. 영화와는 달리 이 고양이 버스는 날지도 않고 교통 신호도 잘 지켰다. 지브리 스튜디오는 미야자키 하야오의 세계를 담은 한 권의 책이었다. 복도를 지나고 한 층을 올라갈 때마다 책장을 넘기는 것 같았다. 내 삶 갈피갈피에 숨어 있는 미야자키 하야오의 그림들을 발견했다. 어린이 놀이터에는 털로 만든 고양이 버스가 놓여 있었다. 신발을 가지런히 벗어 둔 아이들이 버스 안팎을 드나들며 놀았다. 어른이 아니었으면 좋겠다, 며 발가락만 꼼지락거렸다. 옥상 정원으로 올라가니 〈천공의 성 라퓨타〉의 정원 로봇이 서 있었다. 벤치에 앉아, 녹이 슬고 옆구리에 잡초가 삐죽한 로봇을 올려다봤다. 자연과 문명의 조화라는 메시지는 풍경이 되어 거기 있었다. 우리가 더 좋은 세상을 꿈꾸는 건 그런 세상을 이미 보았기 때문이다. 미야자키 하야오의 영화에서.

사람과 사람 사이의 정, 더 좋은 세상에 대한 희망을 검질기게 붙들었던 사람이 미야자키 하야오다. 그는 그 믿음을 영화로 만들었고, 그 영화를 본 사람들은 그 꿈을 이어 간다. 릴레이에서 바통을 이어받듯, 그 꿈을 넘겨받는다.

미야자키 하야오를 조사하다가 만난 인상적인 일화로 이 글을 맺고자 한다. 애니메이션 연구자 헬렌 매카시가 미야자키의 개인 사무실 '부타야'를 방문했을 때 일어난 일이다.

이야기를 나누고 있을 때 새 한 마리가 굉장히 빠른 속도로 날아와 창문에 세게 부딪쳤다. 미야자키는 지브리 스튜디오에 전화를 걸었다. 몇 분 후에 조류 연구가인 직원이 도착했다. 그녀가 정신을 잃은 새를 보듬고 거실로 데려오는 동안 미야자키는 커다란 상자를 가져와 스토브 앞에서 따뜻하게 데운 옷가지들을 그 안에 가지런하게 깔아 놓았다. 직원은 상자에 새를 조심스럽게 집어넣고는 스튜디오로 돌아 갔다. 그리고 미야자키와 나는 다시 대화를 시작했다.

30분쯤 뒤 힘차게 지저귀는 새 울음소리가 들려왔다. 미야자키는 싱 긋 웃더니 실례한다고 말하고는 일어나 상자를 가져와 뚜껑을 열었다. 창문을 열고 새를 날려 주고는 다시 자리로 돌아와 인터뷰를 마쳤다.

그 새는 하늘로 날아갔다. 미야자키 영화에 자주 등장하는 그 희 고 너른 하늘로 말이다. 흰 종이 위에 펼친 자유로운 날갯짓, 미야 자키의 꿈이자 우리의 꿈이 아닐까. 생명에 대한 따사로운 마음이 우리를 함께 살게 하는 건 아닐까.

1941년 1월 5일 4형제 중 차남으로 출생

1947년　　　　우츠노미아 초등학교 입학

1953년　　　　오미야 중학교 입학

1956년　　　　도요타마 고등학교 입학

1959년　　　　가쿠슈인 대학 입학

1963년　　　　도에이 동화 입사

1963년　　　　〈멍멍 충신장〉 동화 담당

1963년　　　　〈늑대 소년 켄〉 동화 담당

1965년　　　　〈걸리버의 우주 여행〉 동화 담당

1968년　　　　〈태양의 왕자 호루스의 대모험〉 장면 설계, 원화 담당

1971년　　　　〈루팡 3세〉 연출 담당

1972년　　　　〈판다와 아기 판다〉 원화, 각본, 화면 설정, 원화 담당

1974년　　　　〈알프스 소녀 하이디〉 장면 설정, 레이아웃 담당

1975년　　　　〈플랜더스의 개〉 원화(15화) 담당

1976년　　　　〈엄마 찾아 3만 리〉 장면 설정, 레이아웃 담당

1978년　　　　〈미래 소년 코난〉 연출, 캐릭터 및 메카닉 디자인, 장면 설

정, 콘티 담당

1979년 　〈빨강 머리 앤〉 장면 설정, 레이아웃(1~15화) 담당

1979년 　〈루팡 3세: 카리오스트로 성〉 각본, 콘티, 감독

1982~1985년 　〈명탐정 홈즈〉

1984년 　〈바람계곡의 나우시카〉 원작, 각본, 콘티, 감독

1985년 　지브리 스튜디오 설립

1986년 　〈천공의 성 라퓨타〉 원작, 각본, 콘티, 감독, 주제가 작사

1988년 　〈이웃집 토토로〉 원작, 각본, 콘티, 감독, 주제가 작사

1989년 　〈마녀 배달부 키키〉 프로듀서, 원작, 각본, 콘티, 감독

1991년 　〈추억은 방울방울〉 제작 프로듀서

1992년 　〈붉은 돼지〉 원작, 각본, 콘티, 감독

1994년 　만화 『바람계곡의 나우시카』 연재 종료

1995년 　〈On Your Mark〉 원작, 각본, 감독

1995년 　〈귀를 기울이면〉 각본, 콘티, 제작 프로듀서

1997년 　〈원령 공주〉 원작, 각본, 콘티, 감독, 주제가 작사

2001년 　〈센과 치히로의 행방불명〉

2004년 　〈하울의 움직이는 성〉

2008년 　〈벼랑 위의 포뇨〉

참고문헌

기리도시 리사쿠,『미야자키 하야오 論』, 남도현 옮김, 써드아이, 2002.

황의웅,『미야자키 하야오는 이렇게 창작한다』, 시공사, 2000.

헬렌 매카시,『일본 애니메이션의 거장 미야자키 하야오』, 조성기 옮김, 인디북, 2004.

박인하 외,『아니메가 보고 싶다』, 교보문고, 1999.

야마구치 야스오,『일본 애니메이션 역사』, 김기민, 황소연 옮김, 미술문화, 2005.

전범준. 신진아,『애니메이션은 나에게 꿈꿀 자유를 주었다』, 고려문화사, 2000.

박인하,『꿈과 환상을 만들어 파는 사업가 월트 디즈니 vs 인간 가치를 꿈꾸게 하는 거장 미야자키 하야오』, 숨비소리, 2006.

김윤아,『미야자키 하야오』, 살림, 2009.

황영식,『맨눈으로 보는 일본』, 모티브, 2001.

토토로의 아버지

미야자키 하야오

ⓒ 김나정, 2013

초판 1쇄 발행일 2013년 6월 25일
초판 6쇄 발행일 2024년 10월 1일

지은이   김나정
펴낸이   강병철

펴낸곳   더이룸출판사
출판등록   1997년 10월 30일 제1997-000129호
주소   04047 서울시 마포구 양화로6길 49
전화   편집부 02) 324-2347 경영지원부 02) 325-6047
팩스   편집부 02) 324-2348 경영지원부 02) 2648-1311
이메일   jamoteen@jamobook.com

ISBN 978-89-5707-771-9 (44990)